張石山 著

你所不知道的中國民間文化

關於飲食男女
也關於草木蟲魚
（後篇）

序言

甲申歲末，山西作家組團赴韓國作一周遊訪。作家們平日或有閒暇、不乏聚會；難得有十數同志如此多日朝夕相處，結伴共同休閒。男士離家，群雄麇集；長夜漫漫，旅途遙遙；口慾耳慾驅使，不約而有同好。故臥榻兩側、車輛上下，人人獻藝，各各賣弄本事。說故事、講笑話，侃黃色段子、來文字遊戲，竟成旅途一大節目。韓國風景秀麗，所謂賞心悅目；而有「說部」相伴，同行諸君益發樂甚。

其間，段子夥碩、表作兩善，以某為最。所謂嬉笑怒罵，皆成文章；觸景生情，每有佳製。文壇「山西兩座山」，這山望見那山高；韓石山公乃教在下曰：汝記憶驚人，腹中存有民間雜耍如許多，何不抽暇整理出來，以充文人小品之缺？或不失為文壇景觀一也。

熟細思之，口頭文學，民間笑話，的為文學藝術一大門類。草根藝術、鄉土文化，便說是高雅文藝的源頭母體亦不為過。質言之，身為作家者，對民間瑰寶不甚關注或者關注不夠，不妨說是有些失職。

孤陋寡聞，所見不廣，據說上一世紀三十年代，曾有作家學問家做過類似功夫，但我也僅止聽說有這麼回事而已。至於體制內的縣市文化單位，近年倒也做些整理民俗的業務；但就我所見到的成果，往往難免受意識形態、宣傳口徑的制約。妄改原生態文化的本來面目，乃至編造所謂「新民俗」，無實事求是之誠正、有嘩眾取寵之輕浮。佛頭著糞、在在多有，名曰傳承、實為糟踐。

當代大陸作家涉獵此一門類而著書立說者，則幾乎不曾聽說。究其因，或作家生活所限，無由為之；或眼界障蔽，不屑為之。或者，竟是須臾不曾離開空氣水分，卻忘記了空氣水分之存在。再者，民間口頭文學，多涉鄙俚，所謂「黃色」玩藝兒，在在多有，是否宜於成文，不免縮手。關於涉黃文字，歷年都被批評曰「自然主義」。自然主義究竟是什麼？批評者也往往不知所以。自然主義便成了一根粗暴的大棒，專事打擊扼殺。質言之，許多所謂黃段子，不惟充滿敏捷智慧，而且飽含生活情趣、性學知識，便說是民間的性啟蒙教科書亦不為過。開化民智、混沌自鑿，功莫大焉。

記事以來，正不知有多少民間文化的乳汁滋養過我。聞之在耳、刻之在心者，不可勝計。自小處說，民間文化曾經大大豐滿輔佐了我的寫作；從大處言，草根文明無疑灌注充實了我的文化構成。

追本溯源，不敢忘本。於是憑據記憶，寫下這一部《你所不知道的中國民間文化——關於飲食男女也關於草木蟲魚》。

民間口頭文化，其博大浩瀚，其生機勃勃，實在是一部巨大的、川流不息的活的經典。

CONTENTS

CONTENTS

CONTENTS

第二輯

CONTENTS

CONTENTS

第三輯

CONTENTS

CONTENTS

CONTENTS

第一輯

元寶

《水滸》原文寫的分明，好漢喝酒，往往是掏出「一錠銀子」。銀錠，有如米斗形狀。同名電視劇一再穿幫，鏡頭上元寶隨處出現。所謂元寶，一說是「元朝之寶」。或者，最早也是在元朝方才出現了那樣形制的白銀。

蒙古兒

江湖話，金融界隱語，一向叫銀子是「蒙古兒」。據說，金國人自稱金，把與之敵對的蒙古國稱作銀。

玉米

好多電視劇穿幫，在明朝之前的田野場面出現玉米。玉米，與土豆、煙草、梅毒，皆是明朝年間從西方傳來。《本草綱目》上，還將玉米當做珍奇植物記載，敘述其「腰間生穗」，不類本土五穀。還有辣椒、番茄，也都是歐洲人從美洲帶回、然後傳遍世界的東西。

呼延灼與袁延勺

《水滸》上有個雙鞭呼延灼。呼延是複姓。電視劇裏，背後出現的軍旗上公然只寫一個「呼」字。是為低級錯誤。

更為低級出格的，還有一例。

當兵的時候，我們連長名叫袁延灼。何以叫這樣名字？連長說，看見雙鞭呼延灼厲害，所以取名「延灼」。

複姓當成單姓之後還沒完，那個灼字也唸錯，唸成勺。全師大會，師長大喊：偵察連的袁延勺來了沒有？

我們連長跑步上前，立正敬禮，興奮應聲曰：到！

一丘之豹和一丘之貂

我參軍在一九六八年。部隊人員構成，文盲居多；而且當時的政治空氣是越窮越光榮、越沒文化越偉大。初中生就覺得有些丟人，高中生在部隊簡直就是改造對象。部隊素質可想而知。

首長們也多數沒有文化，以大老粗為自豪。唸報紙、做報告，錯別字接二連三。說蘇修與美帝是一丘之貉，唸成一丘之豹；秘書糾正一回，又念成一丘之貂。

符拉迪沃斯托克和海參崴

中蘇兩國關係，一度緊張。報紙上甚至提出了歷史上的領土問題。蘇聯方面說，中國歷史上的北部邊界從來不過是長城一線。即西起汗騰格里峰東至符拉迪沃斯托克一線。

我們連隊指導員，把符拉迪沃斯托克唸成「海參崴」。人參之參讀作參加之參，崴看成了繁體字歲。

我在私下糾正，被人告密，結果我被全連隊批判。小小高中生，說成是喝過許多墨水的「臭知識份子」。

不幸以身殉職

那時，一切書籍都被說成是毒草，只有毛澤東的著作光芒萬丈。人們幾乎拉屎放屁都要首先背誦毛主席語錄。林彪吹捧毛澤東的話還編成歌子來唱，其中一首是〈老三篇〉。

所謂老三篇，是〈為人民服務〉、〈愚公移山〉和〈紀念白求恩〉。

白求恩不遠萬里來到中國，後來不幸以身殉職，戰士們背誦滾瓜爛熟。
那時不是時新各種講用會嘛，一次，我們班請九班長來講用學習毛澤東思想的經驗體會。我們班長首先客氣兩句，開場白說道：
九班長工作很忙，能到我們班來傳授經驗，這真是「不幸以身殉職」呀！
班長領悟毛澤東的話，認為那是誇獎白求恩，卻根本不理解基本原意。

語錄化

六八年到六九年，部隊大搞所謂忠字化和語錄化運動。
除了早請示、晚匯報，隊列操練、敬禮報告等任何動作語言都必須按照儀式規定來搞形式主義。
比方，連隊點名，花招百出。
值星排長喊：立正！
戰士們要齊聲喊：立場堅定！
排長喊：向左看齊！

大家喊：忠於毛主席！

排長喊：向右看齊！

大家喊：打倒劉少奇！

打電話呢，你拿起聽筒，接線員會突然喊「為人民服務」，你要接著喊「完全徹底」，他才會幫你接通對方。如果他喊「要鬥私」，你得接「批修」。大家對暗號似的，來這麼一通。

到部隊開始搞「忠字化」運動，形式主義更加猖獗。

戰士們的寢室裏本來張貼有毛主席畫像，這時要在畫像下面貼一個大大的忠字，要用一圈紅紙剪的忠字將主席像包圍起來。

每個戰士的床頭，背包上背包帶上，槍柄槍托上，刷牙缸上牙刷把兒上，都得貼有忠字。

大家還得每天跳忠字舞。

——封建時代，文武大臣上朝面君，才要高呼萬歲，舞蹈朝拜。毛澤東時代，搞得全國百姓天天高呼萬歲、日日舞蹈朝拜。

毛澤東思想照全球

於是有民間笑話出現，諷喻當時風氣。

一位女士上理髮店要求燙髮，還要來波浪式。理髮員不幹，女士爭辯說：

大海航行靠舵手嘛！來點波浪。

理髮員竟然給那女士推了一隻光頭。

女士嗷嘈，理髮員也有理論回敬：

毛澤東思想照全球呀！

江湖話

武俠小說描寫的江湖是虛構的。而江湖是真實存在的。

在正常社會與黑社會之間，中國始終存在著一個走江湖的龐大群體。

過去，吃江湖飯的，一般沒有嚴密的組織，但有所謂行規。打卦算命的，擺殘棋的，賣血的，看風水的，包括說評書、練把式的，拉黑牛、跌碼子的，各色人等，通稱走江湖的。

要吃江湖飯，首先得拜師。入了行道，要守行規。行規大要，是「哄死人的不償命」。可以騙人，讓人自動上鉤上當，規距是不能將人做死。

其次，要學會說江湖話。

江湖話，不同於土匪黑話。也不同於各種會道門的切口暗語。一般老百姓聽不懂，而凡是走江湖的都能講說。凡漢語所能夠講述的，江湖話統統可以用別的辭彙來表達。

比如，紙幣叫葉子，員警叫雷子，領導叫瓢把子，大家耳熟能詳。

從一到十，唸作「流月王則中生星張艾局」。老漢叫長麻子，男孩叫抻格子，女孩叫門花子。

姓字叫萬兒。所謂大腕兒，其實是大萬兒。

這位說：請教你的萬兒。

那位回答：不敢，虎頭萬兒。

就是姓王了。

扯天萬兒，姓周。底搭萬兒，姓孫。諸如此類，不一而足。

鴉片傳入中國，江湖話也立即有了翻譯辭彙。太原的江湖老大專門向北京的老師傅請教了，說是叫做「花草」。

走江湖的，一時落難，開不了飯啦，只要能來幾句江湖話，江湖人會給予幫忙，至少給一頓飯錢。

所以走江湖的說：學會江湖話，走遍天下都不怕。

江湖，是一種隱性的文化。它真實存在。並不與社會對抗，附著寄生於主流社會。好比猴子身上的蝨子，人體上的蟎蟲。

毛衣優點

舊社會衛生條件差，老百姓身上蝨子多。

大伯們孝順奶奶，黑間向奶奶問安過後，安頓老人歇下，會幫助奶奶抓一回蝨子。村裏蝨子多的人家，有傳統。被蓋上蝨子太多了，抓不過來，要在院裏攏一堆火，扯了被角來燒蝨子。蝨子吃燒不過，掉進火焰裏，劈劈啪啪的，猶如放鞭炮。衣服縫隙蝨子多，手掌併攏成一柄勺子形狀，伸進衣服裏去挖，尋常會有少半把小動物挖將出來。

阿Q與王胡，到我們村，都得甘拜下風。

我的一位小時同學，得了太原工作的叔叔一件舊毛衣。給我們炫耀那毛衣的優點甚悉：不僅冬暖夏涼，如同寶衣；最大優點是抓蝨子方便。蝨子嘴頭鑽在毛衣孔洞內，屁股朝天，

「圓豆圓豆的，實在好抓哩！」

御蝨子

大家都有蝨子，誰也不必嘲笑誰。村民甚至認為：
朝廷爺身上都有兩個御蝨子哩！

伺候乾隆爺

過去講奉獻，最好是「一不怕苦，二不怕死」，全心全意為人民服務。
現在的人們終於可以為自己活著了。幹活就要掙錢，公然說是為人民幣服務。
老式的說法，出來做事掙錢，是「伺候乾隆爺」。
母親原先在區委工作，脾氣不好，尋常得罪人。姥姥當著區委書記的面，勸導母親：伺候乾隆爺哩！俗話說哄死人的不償命。改改你那脾氣吧！——書記，我說的對呀不對？

書記覺悟儘管很高，在鄉下老太太面前，也只好隨聲附和。

土坷垃笑話泥人兒

老百姓語言豐富，亦且生動。

說兩個人關係好，要說好得「蜜裏調油」。

老鴰笑豬黑，太常見；大家要說「強盜笑話打劫賊」，「土坷垃笑話泥人兒」。

旗鼓相當，說是針尖對了棗核子。臭味相投，會說是「屎兌了糞」。

水平太凹，說是二分錢買個茄子——比毬都黑紫！

兩位水平都凹，那叫二妮子比屄——一個毬樣！

最後這個歇後語，需要多少解釋一下。比方鑄造物件，需要模具或範器。做鞋都要個鞋樣子。女性器官，恰恰就是男性器官的範器，即樣子。

皇上吃什麼

皇上每天吃什麼？在老百姓的想像裏，也不過就是大家逢年過節吃的好東西。
林彪垮臺後，宣傳說他要篡黨奪權。老百姓不理解。
河北老鄉說，整天燒餅油條管飽吃，還要怎樣？
山西農民說，天天羊肉蘸油糕，還想咋？
明朝末代皇上崇禎帝，最後卻呼天搶地對皇子公主道：願世世代代無生帝王家！
個中痛烈，誰能解的。

寧當騾馬

村裏人尋常說，寧當富戶家的大騾大馬，不當窮人家的大兒大女。
騾馬轉生在富戶人家，還能吃幾口好草料。不幸轉生在窮人家，更不幸轉生成大兒大女，那叫雪上加霜。

大女子，小小上鍋臺、學針黹也罷了，為了給弟弟們得幾個彩禮錢，早早出嫁，甚至當了童養媳。

大兒子，扛長工、打短工，自己成家往往在三十出頭。而弟弟們年幼，父母年老，這份「長工」且是沒有盡頭。

富人家的長子，有繼承財產優先權。父母即便偏向小的，也不好廢長立幼，有悖禮法。

至於窮人家的小兒子，爹媽疼愛，兄長下苦，比較而言，應稱幸福。

大牲口

老鄉們罵人不通情理、不辨人事，有時罵作牲口。如教師姦淫未成年學生之類。

但有時又當褒獎詞語。比如什麼人能吃一百隻油糕、能扛三隻麻袋之類。特別凶唬、格外強悍，會說：那傢伙，真是一頭大牲口！

驢人家

一個笑話，講一家人不會說話，不通情理，稱作「驢人家」。

女兒，十六七的大閨女，沒點忌諱，肚子疼，叫哥哥幫她揉一揉。

哥哥是個愣頭，懶惰，不肯幫忙：哼，給你揉肚？我自己搓屌還嫌費勁哩！

閨女不高興了，把哥哥的話告給爹。

當爹的也沒有什麼好話：叫你哥哥揉肚？我看見你就毬粗啦！

父子倆都是這樣講話，閨女哭訴給媽媽。

當娘的心疼閨女，批評男人和兒子：媽媽呀，有個我還不夠他父子們日坎，還要捎帶上俺們閨女！

連媽媽也是這樣說話，閨女向舅舅告狀，

舅舅冷笑道：不怪人們說你家是驢人家！那天上你家，你爹你媽正辦事，見了我連個讓字都沒說！

寧生賊子

嫌孩子窩囊，沒出息，長輩們往往詛咒說：
寧生賊子，不養癡子。
有恨鐵不成鋼之意。

賴漢生硬兒

與「寒門出貴子」意思相近，老百姓還有一句話說是「賴漢生硬兒」。
孤兒寡母人家，或者父輩窩囊軟弱，往往激發後輩勵志圖強。
一陰一陽之謂道。而道可道，非常道。

破布裹珍珠

沒出息的女人生了兒子，被人瞧不起的婦女有子女成材，人們會評價說：
破布裹頭裹珍珠。
或者是破門扇上釘了金鈀釘。

狼走千里

人的脾性不同，能力不等，生活方式、價值觀念也不同。形容這些不同，有個比喻：
狼走千里吃肉，狗走千里吃屎。

猛虎一隻攔了路

孤膽英雄，獨當一面的好漢，不需要群威群膽嚇唬人。

他們崇尚一種傲慢的理論：

猛虎一隻攔了路，母豬一窩拱牆根。

七豬

我的七叔，人稱七豬。綽號的意思，不是說他窩囊；是說他有些豬頭豬氣。

父親在太原腳行十八歲當上了大工頭，幾位大伯都曾來手下做事。大伯，當過記工員。五伯，當過司務長。都是些輕閒營生。

七叔十六歲也來投奔，嫌勤雜一類工作掙錢少，也要扛麻袋。

苦力們的口糧，要上城裏米市街去買。三兩天，去買那麼三百斤。派兩個人工，給半天時間。父親知道這活兒不夠做的，意思讓工友們輪流去逛逛街。

七叔瞅著是個便宜，主動提出給他一天時間，他去買糧。父親不答應，七豬就罵起來。孤拐骨肉、肘子外拐什麼的。

父親只好派他去。囑咐說跑上兩趟。

七豬仗著少年豪氣，三百斤口糧一次扛了回來。農家出身，三百斤尋常也不當什麼事兒。可是，從米市街到小北門工房，有七八里；最要命的是路上無法歇肩。

七叔終於扛了口糧回來入庫，扔下糧袋，當場吐了兩口血。還警告人們不許告訴我父親。受傷未得及時調養，結果落下了吐血的毛病。

趕不上英國誰負責

建國後，父親不許七叔再幹腳行。就近到二四七兵工廠當了學徒。

一九五八年，中國大躍進。提出十五年趕上英國的口號。打右派收拾知識份子之餘，還有個「拔白旗」運動，專門收拾群眾中的搗蛋分子。

七豬，豬頭豬氣，首當其衝。對趕上英國的宏偉口號說三道四。

「趕上英國？英國人家就不走啦？讓釘子釘死啦？」

結果，立即被拔了白旗。開除公職，到太原東山觀家峪去勞動教養。

已經吃了傢伙，七豬還不收斂豬頭脾氣。竟然質問反問勞教管理人員：拔我的白旗，好說；那麼十五年要是趕不上英國哩？到時候，提出這口號的，住不住勞教？

一九七三年，文化大革命已然如火如荼。外國記者計算時間已到十五年，就「趕上英國」話題向周恩來發難提問。

周恩來王顧左右而言其他。說衡量國力，指標多多。比方說，中國的石油產量，早已超過英國。

大國總理，淪落到了強詞奪理的地步。報章雜誌上，則將上述類似例證做為總理從事外交的輝煌業績來捧揚。

七豬的質問，只說明七豬不虧叫七豬。

七叔酒量

父親老弟兄幾個，都能喝酒。其中以七叔酒量最大。

窮人富戶都一樣，除了愛見好的，必定還愛見小的。爺爺晚年，光景好轉，尋常鬧幾盅燒酒來喝。七叔三五歲，嘴饞，給他抿半盅一口的。酒量便練得很大。

幹腳行年代，二十來歲，少年逞能，和一個老鄉韓牛兒賭酒。

當時飯店，一律先吃飯後付錢。喝酒吶，錫壺篩了來，儘管喝，末了數那壺子數量。當年一斤還是十六兩，一壺酒，四兩。小北門飯店備有錫壺四十把，共盛酒十斤整。兩個傢伙，喝掉三十九壺。共九斤十二兩。

飯後，兩人參加勞動。據說，在卸車的時候，敞車門子那兒，韓牛兒打了一個趔趄。算是敗給了七豬。

鈴鐺蓋喝酒

韓牛兒與父親交往一輩子。父親解放後拉排子車，韓牛兒拉小平車。

韓牛兒喝了一輩子酒。尋常打酒，用五十斤一隻塑膠桶。自己喝酒，包括請客，也不鬧什麼下酒菜。一笸籮旱煙，一杆煙鍋子，就了旱煙來喝酒。父親這樣的刎頸之交，切一碟鹹菜算是高待貴賓。見別人喝酒，整一桌炒菜，他會笑話：

你們那叫吃菜，不叫喝酒！

上班途中，老韓發酒癮，會上路邊小賣部，用自行車鈴鐺蓋子打二兩酒來解饞。一口悶進去，然後方才滿足，繼續蹬車趕路。

酒色財氣

酒色財氣，傳統習慣上擺放羅列在一起，彷彿人生四大要素。

關於這四個字，四樣物事，民間流傳有詩句段子。

看那詩句的水平，不合平仄，也不合格律，不像文人作品，也不是順口溜。

說四字缺點的如下：

酒是串腸毒藥，
色是刮骨鋼刀，
財是下山猛虎，
氣是惹禍根苗。

四字既然無用，
何不一筆勾銷？

接著又說四字用處：

無酒不成禮儀，
無色路途人稀，
無財不成世界，
無氣總被人欺。
四字原來有用，
勸君量體裁衣。

關於酒色財氣，還分別有段子細說。七言八句，卻不是七律。
舉一個例子，可以知道大概風格。

酒

酒是杜康造傳留，能和萬事解千愁；
成敗破壞皆因酒，洞賓醉臥岳陽樓。
李白飲酒將心傷，劉伶大醉臥荒丘；
盤古至今留於世，酒迷真性不回頭。

二閻王

父親弟兄裏，二伯當年最能下苦，脾氣也最暴烈。

他的兩個兒子，性格卻都懦弱綿善。二伯的兒媳尋常評價丈夫，說是給老爺爺抽鞋都嫌指頭粗。老人晚年退休回到老家，脾氣依然。便是在院子裏咳嗽一聲，正在覓食的雞們都驚得趕緊飛上房去。

年輕時節，二伯年年夏天要到陽曲縣打短工，給人割麥子。算了工錢，買了些米麥麻油一類東西，要擔了步行回村。東西有多重？剛剛上肩，扁擔「哢嚓」亂響；找來一根打場連枷綁在扁擔上，方才擔起。

陽曲鎮到我們村，二百里。急著回家，二伯竟是連夜回到村子來。回到大門口，歇心了，也累壞了，靠著門框就睡了過去。第二天一早，爺爺發現了，踹起來叫回屋去睡；那一擔東西，人們看了咋舌。一個叫攢金的後生，膽子上肩，晃蕩著扭開了秧歌，壓根就擔不回院裏去。

後來，日本鬼子佔領山西期間，二伯也曾經到太原腳行幹過一程。有個開火車的鬼子，摔跤、頂杠子，無人抵擋；脾氣也暴躁，苦力們私下叫他閻王爺。

閻王爺在鬼子中間都惡煞，更加瞧不起中國人。一天，不知經過怎樣的過程，二伯就出頭與那傢伙較量。頂了一回杠子，兩人的鞋底都綻了幫，誰也沒有贏了誰。鬼子對二伯連伸大拇哥。工友們愈加佩服二伯，送了他一個二閻王的綽號。

吊塄屎

家鄉是山區，村裏多梯田。人們在野外大便，有時會將屁股撅到梯田地塄邊，拉到下面地裏去。這樣拉屎，俗稱吊塄屎。

小孩子到地裏挖野菜、割豬草，淘氣起來，最樂意拉吊塄屎。有時仰面朝天摔下去，就扛了一脊背巴巴，回家有一通好揍。

一次，二伯給人家還小豆。兩條毛口袋，一條六斗，裝起一擔二；小豆比黃豆還要有分量，一擔二，足足二百八十斤。一起綁紮到背上，背了趕路。半道上，二伯突然內急起來，卻又懶怠解繩索，就在一塊梯田邊上拉了吊塄屎。

至今，村人當段子來講。誇讚二伯行徑，簡直是一樁了不起的業績。背著擔二小豆拉吊塄屎，彷彿創造了什麼記錄。

勸君莫到杏花村

山西汾陽杏花村，汾酒廠所在地，注重企業文化，早年即建有文化園林。園林中名人提詞雕作碑刻，環列廊廡。有郭沫若、巴金等名家手跡赫然在焉。早年參觀一過，以為喬羽先生一首題詠最好。

勸君莫到杏花村，
此地有酒能醉人。
我今到此偶誇量，
三杯入口已消魂。

傳統釀造工藝，老師傅們有許多絕活。用麥秸覆蓋了原料發酵，老師傅只要從麥秸上走過，便能判斷原料溫度，是否到了火候。蒸餾燒酒的大甑，開關處白酒細流落入大桶，只要一看酒花形狀，判斷酒度，萬無一失。

時代發展，如今汾酒廠的品酒員不再迷信老師傅，而是專挑女孩子來擔任。女孩子天真未鑿，味蕾極其敏銳。一桶酒，分作幾十杯，她們能夠品出其中最好一杯。打亂次序再來，絕無差錯。最尖端的儀器，不能比肩。

廠裏招待所，女孩子個個能喝酒。一斤高度汾酒，面不改色、笑顏如花，談笑風生間喝下去。

一位王姓副廠長，負責接待。十桌八桌客人，逢人敬酒一杯。午餐，要喝進去四斤左右；晚餐，照樣四斤。問王廠長是否連續這麼喝？廠長謙虛一笑：

連續的時間不算長，也就三十來年！

油糕醉人

酒能醉人，醉人不過三五天。

油糕醉人，要醉半個月。

山西人愛吃糕。糕是黃米糕。黃米，是小米中的軟米；猶如糯米是大米中的軟米。黃米麵包了豆餡，油炸，即是油糕。一隻一兩出頭，好把式尋常能來三五十隻。

於是有人吃醉了。先是昏睡，昏睡醒來，嘻嘻傻笑。本人無法控制，要笑半個月。

炸糕所用食油，是菜籽油或者胡麻油。或者，不是油糕醉人，是食油中含有什麼成份麻痺了神經。

葦葉

山西鄉下人，端陽節吃粽子，主要原料是黃米。包粽子呢，也是葦葉。葦葉，色彩碧綠，而且蒸煮當中會產生一種類似竹葉的清香。蘆葦的葉子，一尺多長。自然進化中，為了保持葉片的強度，葦葉半腰有兩道痕跡，彷彿牙齒咬出。

葦葉上何以有牙印？老百姓也有民間故事來解釋。

王母娘娘在野外解手，扯了葦葉來擦屁股。葦葉邊緣鋒利，結果劃破了王母陰部。王母嘛，那個地方彌足珍貴，不是隨便動得的。大膽放肆，你敢咬我？作為懲罰報復，王母就在葦葉上咬還兩口。

於是，葦葉從此有了兩道牙印。

故事還有發展：王母回天宮的時候，陰部傷處有一滴血凌空灑落，落在大地一塊巨石上。王母經血，非同小可。匯合天地靈氣日月精華，孕育滋生，最終九轉丹成；爆裂開來，裏面蹦出一隻石猴。便是後來的孫悟空。

席子盛水

我們村自古缺水，卻有一片葦地。起房蓋屋，村民歷年在村南一個地方取土。那兒就出現一大塊窪地。夏季雨水山洪積聚，成一個季節性池塘。池塘四周，生出那麼七八畝蘆葦來。

每當端午前夕，周邊村子人們都來採摘葦葉。為此，我村百姓贏得兩日自豪。

秋後，收割成熟蘆葦。整株者，可以綁紮頂棚骨架，可以做苫房鋪瓦的材料。

當然，葦子的最大用途，是能夠編席。近於正方者，是炕席；長條者，圍攏來當糧囤。

記事時節，村中窮苦，多數人家炕頭鋪一領光板席子罷啦。席子固然結實，孩子們偏要尿炕，一年下來，席子也就漚爛。

席子用量大，村裏專門有席匠。

席匠是河北平山人，一張歪嘴，大家都叫他歪子。真名似乎沒人知道。

歪子手藝特別好。編席格外認真。有人開玩笑，說歪子編席不怎麼樣，歪子就生氣。嘴更加歪到耳根那裏，氣呼呼說一聲：吊起！用繩子穿了四角，將席子吊起，然後倒進去一桶水。席子究竟編得如何？那水卻是一滴不漏。

大家回頭誇歪子，歪子半張臉上早出現怪怪的笑容。

小腳蹬軲轆

歪子是光棍，積年也不回他們平山。住在我村富戶耬元的東院窯洞裏。據說歪子和耬元的女人相好。耬元的小兒子是我們同學，孩子們罵架，有時就罵出「小歪子」來。

編席，先要破葦子。窯洞院裏，用一隻碾軲轆，來回碾壓蘆葦。耬元老婆，經常幫歪子破葦子。小腳，踩了碾軲轆飄然往還，駕輕就熟。天冷時節，還要袖起手來，在上面和歪子聊天。

我們上學路過這兒，隔了院牆，只見那女人好像在半天裏來回飄動，騰雲駕霧一般。

打月餅

合作化之前，老百姓日子自在。記憶中，家常飯食，花樣調劑，十分可口。

一年一頓餃子，家家都有一隻專門撈餃子的青花瓷盤。端午吃粽子，中秋打月餅。初一十五要吃油炸糕。

打月餅，不少人家有硬木雕刻的月餅模子。

而具體打製月餅的時候，往往是本家近支那麼十來戶集體來打。用料簡單，只是四樣：白麵，紅糖，核桃仁和麻油。分量各一，麻油用來和麵，核桃仁與紅糖拌起做餡。統一和麵配料，面案上有人專門用模具製作月餅；烤製工序，另外有人操作。各家男人們都來上陣，婦女只能拉下手。

打月餅的爐子，特別叫做洪爐。下面一隻大鏊，鏊底有炭火均勻；上面更有一隻大鏊，炭火在上頭熾烈通紅。月餅於是無須翻個，上下皆能受熱。上面的火鏊，在房間大樑上、或者院裏樹杈上，做一個類似槓杆的裝置，以便起吊挪動，按需要開合。

在民間，不消說婚喪娶嫁這樣大事業，打壩蓋廟那樣大工程，敬神求雨之類祭祀活動，大家要集體操辦；便是打製月餅，也懂得互助合作。所謂鄉村社會，所謂農耕文明，民間自組織的能力很強。

民間自動湧現出的團頭社首，不僅有能力，而且辦事公平。各種費用帳目，交代清楚。團頭社首不合民意，大家隨時可以罷免。不若上面強行委派的鄉鎮幹部、上峰指定的支書村長，老百姓對其沒有任何辦法。老百姓對他們沒辦法，他們何必為老百姓服務、何不盡情魚肉呢？

而自打成立農業合作社直到人民公社，我村百姓再沒有打過月餅。

磨蚌子兒

奶奶有一隻大立櫃，村裏叫豎櫃；櫃裏保存許多珍稀物事。有家族三百多年的地契文約，有過年才動用的盛餃子的瓷盤和打月餅的硬木模具，特別還有一種「磨蚌子兒」。

磨蚌子兒，白色，半粒綠豆大小，狀如蚌殼草笠。一共兩隻，平常分別養在黃米口袋和茶葉口袋裏。口袋小指那麼一點大，口子綁扎嚴謹。隔一些時日，奶奶會取出觀看，給它們換吃食。據說，那磨蚌子兒是活的。具體驗證辦法，是在磨蚌子兒的背部擺放一根笤帚柴，笤帚苗兒便滴溜溜轉將起來。

磨蚌子兒，專治眼病。誰個害眼，眼眶裏淤眵滿布，就來求奶奶，請那磨蚌子去治眼。將那小物事放進眼皮內，它會在裏邊自己運動，據說能夠吃盡眼屎淤眵。待吃盡淤眵，神奇的磨蚌子兒不再動彈，自己走出眼眶。

我仔細看過那東西，彷彿是一塊白玉；絕對不會有生命。說它能夠吃掉眼屎淤眵云云，或者是老百姓沒有辦法的辦法。是歟非歟？

谷葉拉沙眼

老百姓生病，多是拿命來抗。得了傷寒怎麼辦？每天喝七茶壺開水，發出汗來，便能獲救。否則，死掉拉倒。

那時，衛生條件太差，村裏患沙眼的特別多。三村五里或者有一位老中醫，不一定懂眼科。我見過治療沙眼的場面，堪稱殘酷，驚心動魄。

一個人，在背後抱住患者，防止亂動。治眼的把式，翻開患者眼皮，刮那沙眼。輕者，用耳環來刮搴；銀質耳環，也算衛生。重者，要用穀草。穀草葉片，佈滿尖刺，平時鋤地拉得手背胳膊生疼。現在就用它來刮搴沙眼，直到鮮血淋漓。

叫魂

村裏孩子，或者受了驚嚇，或者發燒受寒，或者不知緣故，會突然犯了迷糊。醒著，眼神癡迷；看人，眼睛發直。說話呢，顛三倒四，或者見神見鬼。大家都認為：那是丟了魂兒啦！

靈魂丟掉了，須得找回來。傳統辦法，迷信手段，是為叫魂。孩子在哪兒玩耍丟了魂兒，要去哪兒叫魂。

叫魂，各地的具體操作手段大同小異。我們家鄉，要用一隻籮；籮裏擺放小孩一隻鞋。到了地頭，要焚香燒紙，禱告彌唸，敬仰各路神仙、詛咒一切鬼祟。爾後，殷殷呼喚孩子名字，用籮子將小孩魂魄小心在意捧回。一路不可回頭；神秘兮兮回到屋裏。然後將籮子裏的魂魄向炕頭傾倒，倒向失魂孩子身上。據說，靈魂就叫了回來；更據說，孩子眼睛立即明亮，即刻清醒。

父親一生骨鯁，最反對裝神弄鬼。但他轉述村中本家一件叫魂實例，令人不解。我們這一輩弟兄當中有個鎖山，鎖山的小閨女叫個逢春。逢春四歲左右，在街口玩耍丟了魂兒。既不發燒，也不頭疼，只是神志迷糊。如此三天。到衛生院去看，吃藥打針都無效果。最後，不得已而採取叫魂迷信手段。籮子傾倒一刻，那逢春眼神清醒了，質問大人：

我在街口找不回咱家來，好幾天你們也不去找我！

子不語怪力亂神。第一不信；第二有不可解者，不做強解。知之為知之，不知為不知，是知也。是為聖人。

魂歸

父親八歲時，得過所謂「一伐子病」。聽那名堂，像是流行感冒；說起症狀，彷彿是副傷寒。昏迷四十天，奶奶整日喂水灌湯。看看不中，爺爺已經準備穀草，要扔「死孩子」。鄉俗，孩子年齡滿十二歲，是為成人。早夭少亡，可以打棺材、入墓穴。日後給其配一門冥婚。孩子不足十二，扔掉。穀草包裹，捆三道草繩。按死去季節，村外有四個專門扔死孩子的地頭。

幸運的是，父親在這關鍵一刻，漸漸有了一些知覺。

在他的意識裏，自己的靈魂，好像一隻火球。有太陽月亮大小，由村外沿山麓溝窪滾動歸來。自己能看見那火球滾動，而自己彷彿又是火球本身。回到村邊，忌憚村口的五道將軍廟，踟躇半晌，繞過小廟背後，終於回到院裏。然後，進屋上炕。

此刻，聽得奶奶喜極言語：六子活過來啦！

出驚

姥姥特別迷信。毛主席畫像背後供著觀音老母。尋常燒香上供，極盡虔誠。

我小時頭疼腦熱，姥姥燒香禱告過後，抓一把香灰用開水沖起，強迫我喝下治病。記憶中，我喝過的香灰面兒該有三五升開外。

姥姥疼我，也到了溺愛地步。突然看見一隻黃鼠狼啦，風吹掉帽子啦，我知道沒事，姥姥斷然肯定我已然受驚。這時，她就要開始施行一種民間法術，給我「出驚」。

出驚，是一種原始的簡單巫術。燒紅一柄火柱，面前擺一碗冷水；姥姥將我抱在懷裏，左手持了火柱，右手蘸水去捋那通紅的火柱。手掌飛速抹過，火柱上就發出「嗤啦」聲響；蒸汽乍然升騰中，隱隱有皮膚燒焦的氣味。

火柱通紅，靠得人那麼近，蒸汽聲響嚇人，難聞氣味撲鼻。我往往被嚇得一頭汗。姥姥要的正是這樣效果。說是出驚成功。

至於那分明的燒焦皮膚氣味，斷然認定就是鬼魅邪祟的味道：

你聞聞！難聞呀不難聞？就是有不貴氣的邪祟嚇著我娃啦！

糖餳

比起奶奶節儉仔細，姥姥大手大腳。愛吃，顧了上頓不管下頓。熬稀飯，我嚷餓，姥姥馬上用笊籬撈出米粒，澆上麻油，給我當場吃油拌撈飯。吃油糕，吃炒黃豆，都要加糖餳。

建國初期，水果糖在鄉下極其少見。象我父親那樣走太原的「府客」歸來，才給孩子們分一塊兩塊來吃。與一年吃一頓餃子，幸福度不相上下。

平常，孩子饞甜味，夏天啃玉米杆，秋天吃老南瓜罷了。家庭主婦精幹的，自己會熬糖餳。那就是孩子們能夠吃到的最甜美味了。

做南瓜稀飯前，切開的南瓜塊子用水浸泡一刻，這樣洗南瓜的水汁便是熬糖餳的原料了。灶火得空，熬那清湯。孩子們焦急萬分，看那鍋裏，老是清水沸騰。

最後，在鍋底終於出現半紅的南瓜糖餳。也就一湯匙左右。清水擦過菜刀，四周擺放幾根火柴梗或者席篾，糖餳滴落其上，等候冷卻。一刻，糖餳稍稍凝結，用柴梗舉了，舔食抿啜。當其時也，陶然怡然，幸福不過如此焉。

如果平時積攢，糖餳就存在小罐內。油糕出鍋，蘸了糖餳來吃。堪稱豪華美味。炒了黃豆，也可倒入糖餳攪拌，待其凝結食用。乃是小孩零食中的珍品了。

石板烤南瓜

在鄉間，每到秋天，各村各莊都要雇人看秋。

大一些的莊子，集鎮地面，長年有人打更下夜。早年裏鄉下沒有鐘錶，打更的依據多年的經驗來判斷時辰。晴天，看看星宿位置；陰天，就那麼約莫估計一回。按規矩敲梆子打鑼，給村民報更次。連帶巡行街巷，恐嚇了小偷竊賊，驚動著饞狼餓狐。

山村遠莊，偏僻窮苦，卻是賊也不來光顧，尋常便無須著人打更下夜。只是到了秋天，莊禾成熟，團頭社首們要出面張羅雇人看秋。莊戶人家，春種秋收，汗水辛苦，指靠地裏那點收成，沒人看秋睡覺不能安穩。講好工錢待遇，或者歷年已有定例，各家根據地畝多少，攢些銅錢，算做看秋人的報酬。

到農業合作化時代，農民普遍饑餓，貧寒易生盜賊，偷竊現象嚴重。生產隊裏更得用人看秋。只是，看秋不再掙工錢，改為掙工分罷了。

所謂看秋，是負責看管秋田，防止什麼人趁秋熟季節來偷莊禾穗實。莊禾不成熟，自是無須看管；待收罷秋，莊禾收回場上，糧食打進囤裏，地了場光，便也不再需要看秋。

看秋，最當緊也就那麼半月二十天光景。

看秋的職責是防止偷盜。至於小孩子嘴饞，在樹下吃了幾顆核桃紅棗，走路人口渴，地邊拔了一隻蘿蔔，看秋的都不管。主家知道了，也不介意。誰沒經過小孩子年齡？誰沒出門行路口渴肚饑過呢？至少在合作化之前，責任制之後，鄉間風俗如此。合作化、農業社、學大寨，那是把農民不當人的年代，摘一顆杏子嚐鮮都會把人打成盜竊犯，戴紙糊高帽遊街，甚至吊上二梁來一隻燕兒飛天。那年月，不說它也罷。

小孩子既然嘴饞，鄉規民約既然網開一面，秋收前夕，大家相跟了放牛砍柴，便免不了設法搞些野餐來嚐鮮。

核桃紅棗，或上樹摘得，或使石塊投擲打落，分享一回，不足為奇。大家要想辦法把豆莢玉米在野外烤熟了吃，方才覺得特別解饞，格外來情緒。

野外燒烤，先得攏起一蓬火。有火柴好辦；沒有火柴，得使火鐮。火鐮擊打燧石，迸出火星，火星將葛絨引燃；紅紅的一星火絨，包在枯黃的草葉內，一邊鼓了腮幫子吹氣，一邊快速晃動，葛絨終於將草葉點燃。

攏起火堆，早有人拔了豆莢掰了玉米來。假如數量較大，那就絕對不會只在一塊地裏糟踐。豆莢連在豆苗上，還泛綠，待聽得嗶嗶叭叭響，就烤好啦。豆粒嫩綠，熱騰騰冒氣，光是香味兒以叫人滿口唾液。玉米，剝去外皮，整齊排列的玉米顆子上還爬滿雌蕊毛絲，在火堆上轉動了燒烤。嫩玉米顆粒的表皮開始發黑，就可以食用了。玉米粒子還是一泡水兒，淡淡的甘甜夾著悠悠的清香。夥伴們個個都吃得滿腮黑花六道，黑花六道的臉上笑容綻放。

而比起在野外烤了南瓜來吃，豆莢玉米簡直就算不得什麼了。

野外烤南瓜，沒有任何炊具，有些匪夷所思。但鄉間孩子有辦法。祖輩繼承，那天才的野餐燒烤竟一直不曾失傳。

找一面乾淨石板來，用幾塊石頭支牢，下邊生火來不停燒烤。摘得一隻看去老熟的南瓜，就在石板上摔開，分做巴掌大小的塊子；瓜瓤不可丟棄，在石板上鋪開，南瓜塊子勻排在瓜瓤上；摘瓜時已經同時折了十幾片草帽大的瓜葉來，使瓜葉密密層層覆蓋了瓜瓣；然後上面捧了許多土，成一隻土包，將瓜葉嚴密封壓。早已點燃的火堆，不停添加柴禾，石板漸漸就要燒到發紅。這時，隔了土堆，聽得裏邊瓜瓤咕嘟作響。響聲由緩而急，水聲勁烈，愈響愈猛，漸漸終至了無聲息。經驗告訴大家，瓜瓤已經完全燒乾。這時，石板下不再添加柴禾，任那餘溫來繼續焙烤。

南瓜就要烤好，大家已是等候不及，磨拳擦掌、舔唇咂嘴的。且聽得土包內隱隱嗶叭連響，彷彿點燃了一掛鞭炮。有經驗的說，那是瓜瓤焦乾，瓜子給烤爆啦！

輕輕拂去瓜葉上的覆土，再一層一層揭掉瓜葉，濃烈的香氣和灼熱的蒸氣一時升騰瀰漫。待熱氣散盡，眼前的石板上便現出那份野餐一品。

瓜瓣現著一派金黃，這是食品之色；香氣撲鼻，撩人饞涎，這是食品之香；使柴棍插了瓜瓣，大家燙燙地食用，老熟的南瓜經過如此燒烤，滿口乾綿濃甜，這是食品之味；瓜子在石板上嗶叭作響，柴禾灰燼裏沒燒透的圪節猛地爆炸，令人一驚，這就是食品的聲了。

石板烤南瓜，於是「色、香、味、聲」俱全，堪稱野餐一品，不為過也。

如此一道風味食品，或者不易搬上現代人的餐桌。

即便照貓畫虎搬弄一回，離了那份野趣，怕也就滿不是那麼回事了。

好比將野天遠地的民歌硬要搬上舞臺，民歌天籟那種天然的野味兒往往就消失殆盡。

黃土炒棋子

所謂「靠山吃山，靠水吃水」，人類代代繁衍，生活方式有賴於不同的自然環境形成的生產方式。

天津人喜歡吃熬小魚貼餑餑，首先因為天津地處九河下梢，打魚方便。新疆內蒙的牧民尋常吃烤全羊、手扒肉，那是基於遊牧文明形成的飲食習俗。

山西地面，黃土高原，歷史悠久的農耕文明托舉起五彩斑斕的飲食文化。

大家種五穀，住窯洞，生而耕作，死而埋葬，都離不開這片黃土地。

具體到人們的日常生活，生活的許多方面，包括食品製作，人們充分利用黃土，將黃土的使用發揮到某種極致。

利用黃土，奇異絕妙的例子，順手拈來，比比皆是。

一種，用黃土看孩子。「三升黃土能看一個孩子」，乍聽像是天方夜談。

鄉下窮苦，人們活得比較粗糙。小孩腿檔和肘腋發炎怎麼辦？老鄉們可沒有什麼閒錢來買爽身粉。找些乾淨黃土，鐵鍋裏炒過，既消毒、又把幹，就是供孩子們使用的農家爽身粉。

孩子不到一歲，不會走路，滿炕亂爬，誰有功夫整天抱他？而且小孩要拉要尿，髒污了被蓋炕席怎麼辦？有辦法。三升黃土，細細過籮，並且炒過消了毒，裝入一隻布口袋；將小孩子光腚放進口袋裏，齊腰捆紮了。小孩亂爬呢，任他爬，黃土口袋拖拽了，且是輕易不會摔到炕下；便溺，也任他便溺。待母親做罷家務，或者下地歸來，解開口袋，倒掉黃土，再換三升新土就是。小孩子的下部乾乾爽爽，絕對不會有什麼發炎濕疹之類。

再一種，黃土還能用以捕殺臭蟲。也是老鄉們祖輩流傳的生活經驗。

當年村裏臭蟲多，又沒有如今的農藥殺蟲劑。夏季，農人勞作一天，夜裏臭蟲作怪，不得安睡。臭蟲們白天藏在房樑縫隙，夜間從空中跌落炕頭，瘋狂襲擊人們。當然，攪擾一夜，臭蟲們要沿牆壁爬歸屋頂。依據臭蟲的習性，農家便想出了用黃土來捕捉消滅的方法。用許多乾黃土，極細的籮來篩過，靠牆堆在土炕四周。這樣，當臭蟲食飽人血要逃走時，就都陷在虛浮的黃土裏，無論如何掙扎不出。人們再將黃土來過籮，往往一升兩升捉得了臭蟲，付之一炬，徹底消滅。

——入冬時節，快要過年，老鄉們添加糧食精飼料來餵肥豬羊，叫做「棧豬棧羊」。豬羊入圈歸棧，不再野外放牧，是為棧養。棧豬棧羊，棧在這兒做了動詞之用。臭蟲在鄉間別稱壁虱，用黃土捕殺臭蟲，村人的說法是「棧壁虱」。養肥了再殺，善哉善哉。

看孩子、殺臭蟲之外，黃土更能用來做乾糧。做法之一，即是炒「棋子」。

乾糧，古語稱「糗糧」。山西地面古語豐富，有的地方老鄉們仍然習慣把乾糧叫糗糧。至於棋子，是糗糧之一種。用黃米麵，搓成指頭粗細的棒狀，分段切開，像圍棋棋子大小，經過炒製，便做成一種乾糧。可以背了遠行，路上食用；也可以帶到城裏，作為風味吃食饋贈親朋。

黃米麵炒棋子，外表焦黃，裏面膨化作蜂窩狀。入口酥脆，微有甘甜。鄉下當年缺糖，有的人家用紅薯南瓜煉了糖餳（糖稀），做炒棋子時放些餳在裏面，這份糗糧便更加可口。沒有吃過炒棋子的，可以拿點心製品「江米條」來比照，大約能夠得其彷彿。

而具體製作炒棋子，要用黃土。只用鐵鍋，不要黃土，不能炒製食品嗎？那當然也可以。只是，由於食品在鐵鍋裏受熱不均勻，炒出的吃食不夠地道，不上檔次。

黃土炒棋子，要乾淨黃土，細細過籮，然後在大鐵鍋裏先行炒那黃土。待黃土在鐵鍋裏沸騰，咕嘟咕嘟冒泡兒，才將黃米麵的棋子疙瘩倒進鍋裏。如此，棋子不接觸鐵鍋，而是在高溫的黃土裏均勻受熱。以炒豆子來比較，鐵鍋炒豆也好吃，豆子脆而硬；但在黃土裏炒豆，豆子會膨得格外大，脆而酥。

黃米麵的棋子，在沸騰的黃土中炒好，用笊籬撈出，仍要過籮。今番用的是粗籮，篩去黃土，金黃瑩亮的炒棋子就做成了。

濕麵疙瘩扔進黃土裏，乾淨嗎？衛生嗎？這只是城裏人的擔心罷了。乾淨黃土，鐵鍋裏炒到沸騰，這樣的黃土有什麼不衛生？至於炒棋子上面，或者多少帶有些微黃土，那絕不影響口感，而說不定倒是增加了一些礦物質之類。

早年間，人們離開家鄉遠行，或者到外地謀生，或者去探親訪友，甚至是上京趕考，路上帶什麼糗糧呢？炒棋子是我們故鄉人最中意的一種方便食品。酥脆可口，絕不腐壞。一邊行路，一邊抓幾個嚼食，既不耽擱行程，又能省了飯錢。那實在是節儉的農家子弟出門遠行必備的一種絕妙乾糧。

小時曾經想過，朝鮮戰場上我們的戰士尋常吃炒麵，那真是沒有辦法的事；當時如果有人介紹了製作炒棋子的方法，一樣的糧食，幾乎一樣的工序，炒棋子卻要好吃的多，戰士們或者也少受一些苦吧。

至於遠行人帶了炒棋子出門，手裏一粒粒撚弄了，會不由思念母親妻子。而棋子上面帶些黃土，不僅在習俗上講，遊子不會忘記故土；而且，人們乍到外地生活，有家鄉的黃土作用，大家不會水土不服。

如今，早已不是供應短缺時代，城裏鄉下，各種方便小食品充盈貨架，黃土炒棋子是難得一見了。我稱它是「糗糧一絕」，希望它不要絕種才好。

放鷹

大雪封山，四野皆白，村民們就都不出村了。

懶怠動的，袖了手在家老婆孩子熱炕頭。愛熱鬧的，湊到一搭打什番、唱秧歌。男人裏嗜好跑腿子的，涎皮搭臉去泡破鞋。女人當中婆婆管束寬鬆的，聚在誰家鉸花樣子繡荷包。牛臥在圈裏倒嚼，所謂「反芻」；馬栓在槽頭空蹄：三條腿支地，空出一條腿來歇息。深巷裏請了神婆下神，咿咿呀呀吟唱；大廟上有人還願，鐘聲悠揚。

出村的隆重節目，我記事那陣只剩了一個：放鷹。

鷹是獵戶調熟了的，放出去抓山雞。獵戶調鷹，要下大功夫。夏天十塊八塊買了鷹娃子來，蟲子肉條餵它長大，和獵戶漸漸熟悉。但鷹蹲立在架子上，卻從也不得好生休息。鷹爪子那裏繫一根皮條鏈子，與獵戶的手腕相連，時時扯動。鷹瞌睡得要死，眯了眼、栽下頭，彎喙就要藏入翅膀下，這時獵戶猛地扯動皮條，斷喝一聲：呔！鷹便圓了眼仁兒，瞪著獵戶。如此反覆，毫無間歇，叫做「熬鷹」。據說用這樣的強迫手段能夠使鷹認識它的主人。而我看那鷹，受如此折磨，那瞪圓的眼睛裏幾乎要噴火！——趙樹理文革中遭受車輪批鬥，幽默大師曾形容這叫熬鷹。被熬鷹者，敢不認識他的主人！

快要入冬，鷹兒個頭已然長大，膘情也甚好。怕它肥懶，不肯積極捕食子，還要熬它。

這時是用氈條兒蘸了血漿，偽作肉條，騙鷹來吃下。活生生將一匹肥鷹熬到精瘦，饑火三千丈。這關節上就盡等大雪天放鷹了。辛苦半年的獵戶躍躍欲試，閒漢地癩子們比正主兒還心焦。駕鷹的獵戶，獵戶縛了破布的臂膀上蹲踞的鷹，因而顧盼自雄。

而一秋吃食準備熬度寒冬的山雞們正是體胖膘肥，大雪天趴在山林草叢間的窩窠內安享天倫。人們不走到窩邊快要踩著它，它且靜靜呆了。雪景中胡亂走動，本能告訴它沒什麼高明。所以，放鷹的獵戶須有數人幫忙，在林間雪地驚動吆喝轟趕山雞，叫做「吆坡」——鄉間幫腔多嘴捧臭腳的往往被斥為吆坡。愛吆坡的卻大有人在。圖個熱鬧，耍個高興。半樁後生毛頭小子還沒資格榮升為地癩子的，更樂得奔波效命。爛鞋片子光腳丫子，沒命地在深雪中狂跑呼喊，攆賊一般。手中木棍四下掄打，頭上汗氣白霧蒸騰，久經考驗的光腳板子據說火燙火燙。

吆坡的終於吆動了山雞——多是雄雞，比雌雞更沉不住氣或竟是為掩護婦孺捨身取義——呼啦啦一陣翅膀亂響，那漂亮的飛禽拖了長長的尾羽便在雪景中劃一條醒目的弧線。架鷹的獵戶不敢怠慢，立即鬆了鏈扣，放那饑餓的猛禽飛撲而去。箭矢一般，響尾蛇導彈似的，一條直線斜刺裏迎了弧線攔截過去。兩隻黑點漸漸接近，火器嘎然命中目標。

在一個多雪而無事的冬天，我覺得只要能有幸看到那盼望已久的準確的一擊就足夠了。那真是不可多得的精美絕倫的瞬間。讓人興奮而神旺，令人刺激而震撼。然而，吆坡的人和待命的獵犬早爭先撲向出事地點，追奪此次此行動的獵獲物。設若慢了一刻，饑餓的鷹會吞食半隻山雞下去，獵人的收穫可能只是一堆亂毛。吃飽的鷹將不再為主人服務，甚至飽餐過後的鷹會戴著鎖鏈重返藍天，飛向那本來屬於它的自由。

少年時代，我曾經親眼目睹了一次那樣激動人心的場面。那雄鷹在人們重新抓獲它之前，振翼遠走高飛。儘管戴著鎖鏈，那鷹在藍天白雲之間盤旋翱翔，橫衝直擊，愈高而愈遠；間或劃破寂靜的歡快的鳴叫穿雲裂石，愈高遠而愈銳利。它的身影和聲音終於盡數化入藍天融入晴空。餘音在耳鼓擊打，原是自己咚咚心跳；臉頰火燙，熱血湧沸，眼淚不能自持撲上眼眶；自由的召喚從心低從遠古從太極從基因雷鳴般雅歌般唱響。

我幼時目睹的那一場面，此刻形諸文字又歷歷如在目前。我記得，我曾有些為那獵戶惋惜，看著鬍子一大把的漢子捶胸頓足而心生惻隱；而我更記得，我更為那重獲自由匯入空溟的雄鷹慶幸感奮。

也許，是它催生出我靈魂中的自由因子；也許，是它開啟了我心房內的自由之門；也許，是它負載了我生命的一部分遠走高飛，令我窮此一生將它追尋……

捕鳥

小時在鄉間，玩兒過一種設了陷阱捕鳥的遊戲。

臘月二十三之後，臨近年關。依鄉俗，女人們都不動碾磨了，男孩子們也不再上山打柴。抬點水，掃掃院，別無它事。小夥伴們整日價撒歡尥蹄，野馬似的狂奔。或者玩兒鄉間孩子們的遊戲，打瓦繇打棗核兒。打棗核兒我們家鄉俗稱「打扔」，人分兩隊，一隊打遠去、一隊凌空接取或扔回來，攻守互換，比賽規則和棒球相彷彿。棗核兒呢，則是用木棍削得，兩頭尖銳，形似橄欖。有一次看中央電視臺的節目，注意到遠在青海省的撒拉族青年所玩兒的遊戲，器械與規則和我們的打扔竟是一模一樣。民族不同，山川阻隔，兩地的遊戲何以完全相同，令人極為驚訝。

——現在，這種遊戲在我們家鄉已經完全失傳。如同早年間村村寨寨都曾有過的社火把子八音會、高蹺鐵棍旱船隊和草台戲班子一概絕種了一樣。自給自足的鄉村經濟曾經孕育了農民自娛自樂的多種文藝樣式，學大寨沒學成，公社化吹了燈，老百姓自家的幾套把戲也丟了。電視卡拉尚且OK不到廣大山鄉，自娛自樂的能力已喪失，農民們只好打麻將、抓蝨子、曬太陽。或者，懷舊是人類的通病，區區亦不能免。

或遲或早，嚴冬裏准要下雪。打雪仗堆雪人之外，我們還玩兒捕鳥。場院裏清掃一塊空地出來，使長繩栓一支木棍，棍頭支起一面草篩，下面撒一把穀米，就佈置妥當一口陷阱。麻雀要覓食，也許窩裏小雀子正嗷嗷待哺，不得不冒險到草篩下來銜穀粒。長繩拉動，篩子砰然扣下，麻雀們就被活捉了。記得魯迅先生有文章記述過他童年時捕鳥的事，方法大略如此。我們童年愛玩兒這種遊戲，也許是一種人類漁獵時代的遠古記憶吧。

大人們也設陷阱。初夏時節，瓜豆剛剛開花坐果，慌渴的松鼠蛇狸不免啃食花果。農民會用細繩木棒造個機關，支起一塊石板，下邊半隻破碗一塊瓦片存點清水，誘那小蟲豸來上鉤。改天到地頭來，石板已然拍下，掀開來察看，往往會有早已斃命的小動物呲牙咧嘴僵在那兒。也有積善人家只在田裏多擺水碗，小傢伙們口渴，供它們喝飽就是。眾生平等，上天有好生之德，善哉善哉。

老林深山，出沒豹子豺狼。早年間，鄉民在脖子那兒有疤痕人稱「狼殘兒」的不少，都是小時遭狼叼咬過幸被追奪回來的。因而有獵戶專門捕狼。請鐵匠打造巨型夾子，掩藏在叢草深雪之間，栓一隻雞或半爿羊。有時果真夾住兇殘的狼，或竟夾了貪吃的牧羊犬。有時只夾下半條狼腿，那落入圈套的傢伙硬是咬斷自己的腿子逃命去也。好比烈士斷腕，堪稱壯哉；又好比不幸被套牢而迷途知返的股民痛割「生肉」，不無器量。我們砍柴打草時偶爾會見到三條腿的狼，一跳一跳散步。被吼喊驚嚇，便扒在別的狼背上，一陣風奔去。見那景況，又感歎狼情也並不輸於人情。

——近年曾在商界遊走，明白商場好似戰場。機關森列、陷阱密佈，其險惡巧妙足以捕獲高人大款自非簡單的捕鳥的篩子機關可比。而「人為財死，鳥為食亡」的道理卻差不多。你的慾望正是你的陷阱。貪財怕死，食色性也，騙子們不過是導演，主角還是你自己。

善良的人們，貧寒的人們，巴望賺錢發財改變生存境況的人們，怎麼辦呢？商界險惡，惡浪滔天，「下海」最起碼也要嗆幾口水，甚至淹你一個翻白眼兒。車軲轆繞了一圈，莫不還是咱家的「大鍋飯」最好？而半死不活、半溫不飽、苟延殘喘、自以為平安保險實質上百孔千瘡的飯鍋子，是否也象一口更為巨大更為誘人更為不易掙扎得出的陷阱呢？

盂縣藏山

我的家鄉盂縣，春秋時代曾經建有一個百里小國「仇猶」國。後被晉國所滅。至今，縣城以北二里有山名曰高神山；山上有仇猶天子廟遺址。

盂縣境內有風景名勝藏山。

山不在高，有仙則名。藏山史傳是春秋時期著名的趙氏孤兒趙武藏身之地，因而得名。或曰：藏山地形山勢，狀如缽盂，稱作盂山。本地設縣，乃稱盂縣焉。

我是盂縣郭丘的

盂縣西部，與陽曲縣接壤。太原話，歷來稱作「陽曲官話」；陽曲，今屬太原郊區縣。縣份相鄰，盂縣地方話與太原話的區別極大。沒有後鼻音，也沒有捲舌音。況且地方貧瘠，生活節儉，陽曲家就編了順口溜挖苦：

我是盂縣郭丘的，
有板凳我要圪蚪的；
蒸下窩窩是穀面的，
有心給你吃一個——
可惜是婆婆數見的。

其實，山西許多地面，說蹲下都是說「圪蚪」。人們蹲著的身姿，圪蚪更為傳神。

省名

國家設立行省一級行政區劃，據說始於元朝。
安慶、徽州，合稱安徽；甘州、肅州，合稱甘肅。
河南、河北，以黃河大致分界；
湖南、湖北，因洞庭湖而得名。
山東、山西，分明是在太行山之東西兩側。
——當國家的首都設在長安，山西的地理方位在黃河以東，所以山西古來稱作河東。

老西兒　老醯兒

山西人被戲稱「老西兒」，那麼陝西、廣西、江西人何以不叫「老西兒」？
其實，直到宋代以後，國家首都東移，山西才叫做「山西」。
因而，老西兒應該是「老醯兒」。

醋，古稱醯。山西人愛吃醋，宜於稱作老醯兒。老西兒，則是通俗化了的稱謂。

割裂山河

國家劃分省份，便於管理。

但一般統治者，都堅守一個「割裂山河」的原則。

河南、河北，並不是真正以黃河分界；

四川盆地，天府之國，要割破盆邊，分一個漢中地區到陝西省。

中央集權，絕不允許封疆大吏利用山川形勝搞獨立王國。

縣名

建國後，山西縣治有些變化。

萬泉與榮河合為萬榮；臨晉與猗氏合為臨猗。

所謂猗氏，因紀念春秋時代著名商家猗頓得名。

定襄，本來是部隊番號、駐軍編制一類名堂。本來在長城一線，後來內遷到太原以北百十公里處，漸漸轉化為縣治。

婁煩，本是古來少數民族稱謂。後來成為縣治，記錄著曾經的民族大融合。

山西北部有靈丘縣，歷史上著名的倡導胡服騎射的趙武靈王之陵墓在此。

大同左近有左雲、右玉[1]，本來也是駐軍藩鎮名堂。

長子，乃堯帝長子丹朱分封之地。

左權，紀念八路軍著名抗日將領左權而得名。左權原稱遼縣。

靈石，隋朝設縣。因天降隕鐵，據說上有天然吉祥字樣，故設縣紀念。

與靈石緊靠，即是介休。境內有風景名勝綿山。晉文公火焚綿山，燒死功臣介子推，是為「介休」。

---

1 全稱是「左雲中衛，右玉林衛」。

平陸多山　萬泉無水

晉南富庶，所謂河東糧倉。但也有自然條件艱苦之處。有縣治名曰「萬泉」，萬泉偏偏缺水；另有一縣稱作「平陸」，平陸恰恰多山。中國式的文字遊戲，寄託了民眾願望吧。

山茶

藏山在盂縣城北三十裏。主峰曰碧屏峰，由縣城方向望去，宛若一道屏風。碧屏峰下，溝壑四下延伸。正西並列兩條山溝，一條即藏山溝，一條為柏泉溝。我們村位於柏泉溝，與名勝藏山一嶺之隔。

大約藏山一帶形成一個氣候小環境，這兒甚至生長有北方不多見的茶樹。村中百姓，不會製作茶葉。有人採集茶樹嫩葉回來，只是上籠蒸過，就算完成制茶工序，當做熟茶飲用。

這樣土法炮製的茶葉，性寒，味苦；大碗沖沏飲用，極其下火。老百姓粗茶淡飯，平日哪裡需要喝茶。只在牙疼腸乾時候，喝那麼一碗，當藥喝下，即刻會拉肚子。

漆樹

藏山腳下，還有漆樹生長。數量不多，不成規模，老鄉們自然從來也不懂得割漆來使用。漆樹，孩子們不認識，萬一抓了、靠了，容易過敏。渾身長出大小疙瘩，整個人腫得癩蛤蟆似的。漆樹於是只有一種功用，就是讓人恐懼，避之唯恐不遠。

我的一位近支大伯，小時曾經抓了漆樹而過敏。後來，他連數位七都害怕。家人數數，六隔過去直接數八。

漆樹，在我們家鄉一帶，因而成為莊子講過的無用之材。

因而藏山名勝附近，唯漆樹最為高大。

五靈脂

牙疼眼疼不算病，疼上來了要人命。大家歷來認為，牙疼眼疼是心火。如何下火？還有一個偏方，極其靈驗。

鼯鼠，俗稱五靈脂。鼯鼠在懸崖峭壁飛行滑翔，最愛吃柏樹葉。它的糞便，藥鋪裏收購；其實，鼯鼠的糞便藥名才叫五靈脂。

老鄉們採得五靈脂，其中鼯鼠的尿液結晶體，微黃透明，彷彿松香。開水沖沏了飲用，比土製茶葉還要下火。

雕窩蛇頭

中醫神妙，蛇皮蟬蛻皆可入藥。據說，松果可治老寒腿，雕骨能治老年氣管炎。不知確否。

小時在地裏山裏幹活，看到過老雕抓了長蛇，在頭頂飛過。雕爪，一隻抓住蛇頭，一隻橫提了蛇身，雕翅與蛇身都反射著太陽的光芒。也是據說，雕兒不吃蛇頭。

老輩傳言，山溝裏面張家莊，一個後生為給老爹治病配藥，冒險去抓剛剛孵出的小雕。雕窩都建在險絕的懸崖，那後生瞅著老雕外出，好不容易攀上峭壁，已經聽得窩裏小雕驚叫，即將得手的一刻，探頭卻看見雕窩裏一堆大大小小的蛇頭！形象恐怖，出乎預料，那後生驚嚇脫手，從峭壁上仰面摔了下來。

究竟有無這樣一件事。無稽可考。

烏鴉鴿雞蛋

農村過去飼養的笨雞，一年下二百隻雞蛋算是下蛋能手。還有一種撂蛋雞，雞蛋不知下到什麼地方，回來咯咯亂叫。有一種女人，改嫁次數多，離婚嫁人每每將孩子撂給前夫，人們形容那是一隻撂蛋雞。

有時，不是母雞撂蛋，而是有賊偷竊。地下的老鼠，天上的烏鴉，都會偷雞蛋。

烏鴉偷蛋，我曾親眼所見。烏鴉嘴格外大，可以輕鬆銜住雞蛋勝任愉快飛走。

狼趕豬

山鄉野裏，過去多狼。為了防狼，羊有羊圈，豬有豬窩。豬窩，一般都建在村口。石頭壘成，門口豎立兩根石柱，晚間插入一塊石板，關閉嚴密。豬長大到一百來斤，一般就不再關閉石門，因為狼已經吃不掉它。一百斤以下的豬，萬一忘記關閉石門，則往往被狼從豬窩偷走。狼子不過三四十斤，如何抓得七八十斤大豬？據說，狼首先一口叼了豬的脖頸喉嚨，使豬無法吼叫；但又掌握分寸，不令其當場斃命。豬兒吃痛不過，乖乖隨了狼行走；走得太慢，狼還要用尾巴抽打豬屁股。

農家丟了豬，循了蹤跡去找，屍體殘跡往往在七八里外深山老林。

豬咬狼

野豬本來兇猛。家豬習性遺傳，不像羊兒似的對狼全無抵抗。

溝裏張家莊有一例。一家發現丟了豬，正是初冬時節，地下薄霜痕跡顯然，循跡追來。順溝出來七八里地，路邊一處石壩根底，豬兒屁股靠了石壩，與兩隻狼對峙。看見人來，狼子逃走；豬兒只受一些輕傷。狼將豬轟出豬圈，並且追殺有七八里路程，兩隻狼竟然沒有將豬放到，足見豬兒抵抗之頑強。

溝外興道村另有一例。主家早上來喂豬，發現豬窩門口站立一匹狼。仔細再看，狼脖子被自家豬兒牢牢咬定，狼早已斷氣，豬則一直不鬆口。估計是那狼探頭到豬窩門口，一不留神反被豬兒得手。

狼皮換針

我村有個二倔老漢，打死過一頭狼。剝下狼皮，想賣錢。進城一回，討價兩塊，人家只還價一塊二。老漢拎回狼皮，砰地甩在房檐前，自言自語說：哼，不值一包針錢！

老婆記下了。一天，貨郎子進村，老婆拿狼皮換得兩包針。一包針，五分錢。二倔痛打老婆子，老婆子振振有詞來爭辯：你不是說不值一包針錢嘛！

赤屎老婆攆狼

村裏有句歇後語：赤屎老婆攆狼——膽子大來不害羞。

山裏那時狼多。狼產下狼崽子之後，食物需求緊迫，不僅要進村來吃豬羊，有時竟然會向孩子下手。黃昏時分，村邊玩耍的小孩，甚至在碾磨旁邊隨了大人的小孩，都有過被狼叼走的事件。

狼叼走孩子，人們當然要瘋狂追趕。務必不能讓那畜生換口。狼叼孩子，多是叼了脖頸要害。如果給它留出空子，定會從新下口，咬死孩子；甚至撕開肚子，吃掉心肝內臟。追趕及時，孩子或許有救。當然，孩子脖梗那兒，會留下傷口殘疾。這樣的孩子，人稱「狼殘子」。算是幸運。

狼子最瘋狂的時候，竟然敢到炕頭來叼小孩。夏季，農家開敞門戶休息，使狼子有機可乘。孩子在炕頭被叼走，當娘的必然「瘋狂追趕」，嘶吼連天。而農家男女過去睡覺，都是渾身赤裸，所謂「一級睡眠」。於是就必然出現了「赤屎老婆攆狼」的精彩場景。

母親母性，此刻哪裡知道害怕、哪裡顧及羞恥。

艾草

艾草，灰色，葉子細長，狀若如意。整株的艾草，則是一種香草。採集了來，乾燥之後點燃，有香氣，能夠熏蚊子。中醫針灸，所謂灸，應該是點燃艾草來熏烤穴位。

捕獵豹子

家鄉山野裏，尋常可以見到豹子。豹子有兩個品種，依照身上花紋區分，一種是金錢豹，一種是艾葉豹。

豹子，或者捕食能力強，極少侵害家畜，更不傷及人類。除非人畜妨礙了它。

小時在山裏砍柴打草，經常見到豹子。在附近不遠山坡山樑，傲慢走過，看都不看人們一眼。

羊群在山裏放牧，有時會不經意路過豹子午休地點，打擾了它的安逸，豹子會發狂，撲咬羊子。羊子安穩不動者，它便不咬；恐懼觳觫，驚跳亂跑者，一律撲翻，咬斷喉管。據動物學家說，捕食物件的恐懼觳觫，會刺激虎豹豺狼等獵食者，令其更加瘋狂兇殘。

極其個別的時候，豹子實在沒有食物了，會冒險進村來叼豬羊。丈把高的圍牆斷崖，叼了豬羊一躍而上。簡直如履平地。

這時，人們就認為豹子有些危險了。萬一它要傷人，後果不堪設想。於是，獵人們秘密跟蹤，往往發現豹子藏匿食物之處。百十斤的豬羊，豹子吃不完，不久要來繼續解決。獵人們就在殘餘豬羊內埋放炸子兒，待炸死豹子，豹皮絲毫不會破損。

人們回村等候，山溝裏果然傳來爆炸聲響。三五人小心去探視，有時真個炸死了豹子。

豹肉什麼滋味？不得而知。只是據說，豹子的肝臟火性太大，食用過多，人要流鼻血。豹骨，不若虎骨那樣值錢，但也比較珍貴。一樣可以賣錢。完整豹皮，晾曬在外面，牧羊犬們遠遠躲開，根本不敢到跟前去。有時，獵人逗樂子，扔一根豹骨過來，狗們狺狺吠叫，看見炸彈一般。

手劈豹嘴

上世紀六十年代，有過一件哥哥救弟弟徒手格豹的事蹟，曾經登過報紙。我們老家一帶，兄弟兩個遇了豹子。十來歲的弟弟被豹子撲倒，咬住喉嚨。哥哥，不過十六歲，救弟弟心切，騎在豹子身上，兩手插入豹子口中，竟是生生將豹嘴劈開。弟弟豹口餘生，而哥哥依然扯著豹子嘴巴不敢鬆手。

到人們聞訊趕來，打死豹子，哥哥用力過度，手臂僵直，保持劈開豹口的姿勢無法鬆弛。大家揉弄半晌，方才恢復正常。

醫學證明，人在極端情況下，肌肉骨骼能爆發出高於正常資料四倍左右的力量。

磨蛇頭

盂縣山裏沒有許多蛇。或者因為人們害怕，偏生傳說許多有關蛇的故事；在某些傳說中，蛇還被說的好大。

一個廚師，早上給大家做小米乾粥。揭開鍋蓋時候，熱氣蒸騰，屋樑上一條蛇就被熱氣沖落，掉在開水鍋裏。廚師趕緊去撈，說那蛇早已全部化作油脂，撈無可撈。小米幹粥於是比平日格外香甜可口云云。

一個農民，到山裏打棗。一條大蛇追了，要來咬人。山裏多梯田，農民跳了地堰奔逃。那蛇有多大？身體擔在地堰邊上，幾乎是淩空飛射一般追趕而來。農民實在也是急了，回身將一根打棗杆子直插蛇口，方才脫險。打棗杆子，將近兩丈，幾乎全部插入蛇腹云云。

一個樵夫，到山裏打柴。看見一棵樹，橫了一根枯枝。心想扳將下來，也是一根好柴。不料，那枯枝上盤了一條大蛇，就將樵夫纏繞了，一隻猙獰蛇頭，吐著分岔蛇信子，要來咬人。樵夫雙腿腰部被纏，好在兩手還能活動，卡了蛇的脖子。蛇狠命勒人，人死命卡蛇，一時陷入僵持。人終於被纏倒在地，已經落了下風。危急關頭，看見身邊就是山石；既然卡不死大蛇，何不利用石頭對付？於是，抓了那大蛇頭顱，在山石上死命磨擦。不知經過多少時辰，大蛇頭顱被磨去一半，蛇終於死亡，鬆開了致命的纏繞。樵夫病臥數十天，渾身青紫方才褪去云云。

打山豬

打獵，村裏叫做「打生」。獵人，稱為打生的。打回山裏活物，吃肉，人們也眼饞；賣皮子骨頭得錢，人們也羨慕。但大家背後議論，覺得打生殺生害命，到底太殘忍。

春天，瓜豆剛剛出土，松鼠蛇狸一類小動物難免啃食幼苗。有的人家就在地裏設置捕獸陷阱，支起一塊石板，下面機關上拴一點食物，誘使小動物來拉動機關。石板陡然拍下，松鼠之類就被打死。良善人家覺得不忍，說小動物啃食幼苗，不過是口渴，便在地頭擺放一些破碗瓦片之類，貯些清水，供小動物們飲用。

殺生與否，存於一念之間。

我村有獵人。喜好在山裏狐兔出沒之處安置夾子，但尋常就夾了牧羊犬的腿。有一杆祖傳火槍，不時灌了火藥鐵砂，在山野遊走。三槍少不得一兩中，打些山雞兔子之類。

山裏有山豬出沒，卻從來不打山豬。山豬皮厚，而且身上蹭滿松脂，火槍鐵砂不易擊穿。

只聽說後山一帶，獵人們打過山豬。辦法相當殘忍。

設法抓了小山豬來，獵人們預先埋伏在樹上，虐待小山豬令其哀號，引誘大山豬前來。山豬聽見孩子哭吼，仰頭朝上面看，獵人瞄準了，將鐵砂彈藥直接打進山豬口腔裏。山豬要救回她的幼崽，寧死不退，直到被十槍八槍擊斃。

據說，山豬臨死，跌倒在地痛苦掙扎滾動中，碗口粗細的樹木能接連咬斷十來棵。場面至為慘烈。

第二輯

端陽習俗

端陽節，除了吃粽子，還有飲用雄黃酒等等習俗。

雄黃，礦物類中藥。有蒜味，可以消毒、殺蟲。五月端陽，正是炎夏開端，蛇蟲蠢動。所以，端午節還要驅除五毒。《白蛇傳》裏，白蛇正是誤飲了雄黃酒因而現出原型。

家鄉習俗，老百姓沒有條件飲用雄黃酒，但家家戶戶都要熏艾草，要給孩子們掛香包戴五色線。

五色線，有驅除五毒含義。香包裏，放一點香灰，蒜瓣。有的，不用香包，直接掛一塊柏木小板，也有一股清香味道。

蟾蜍墨

據說，五毒儘管已到蠢動節令，但在端陽這天，五毒恰恰都要藏匿起來，恐怕天神翦除。

民間傳言，在這一天，要是逮著蟾蜍，將一錠墨塞入蟾蜍口中，吊起風乾，就得到一塊珍貴的蟾蜍墨。

孩子們鬧痄腮，或者就是腮腺炎吧，過去醫療條件差，孩子們有腮部膿腫乃至穿孔而發生性命危險者。治療辦法之一，就是研了蟾蜍墨，在患處書寫道家符咒之類，據說相當有效。

沒有蟾蜍墨，大家也就只好用普通墨來代替；不會畫符，臉腮那兒就用墨塗抹碟子大小那麼一個圓形。這樣治病方法，幾乎就是巫術一類。頂多有些心理安慰作用罷了。

紅線

戴五色線，而能驅除五毒；寫幾個字，可以治療痄腮；近於神秘。醫療匱乏，而巫術濫觴。

孩子們，手足部位破損發炎，有時從那傷處會生出一條紅線。在皮膚下麵，隱然可見；而且在活動行走，朝向胳膊上端發展。據說屬於一種病毒感染。

在鄉下，叫那種突發疾病是起了「紅線」。說是紅線行走到人的心臟部位，就有生命危險。治療辦法是在紅線前頭，拴一根藍線，取那藍字諧音，寓攔截、阻攔之意。手指內部發炎化膿，往往也繫一條藍線，同樣希冀膿腫不要發展。

我到太原讀初中時，第一學期開始，下鄉助農勞動，曾經生過一次紅線。剛剛到城市，靦腆拘謹，不敢向老師講。自己又恐懼，拿一根別針來自我醫療。用針頭朝紅線發展的端頭，死命紮去。鮮血淋漓而繼續痛紮不止。可怕的紅線，竟被我紮得連連退縮，直到完全消失。

珍珠溜

四歲左右，在姥姥家我生過一次珍珠溜。

早上起炕時分，姥姥對我親昵摩挲中，突然發現我身上起了珍珠溜。

珍珠溜，不痛不癢，從腰間肚臍那兒生起；有高粱顆粒那麼大小，一粒緊挨一粒，發亮，好像珍珠。領頭的一粒，比黃豆還略大些，帶領後邊小顆粒前進。從肚臍出發，在腰間橫著繞圈。姥姥竟然知道這種奇怪病症叫做「珍珠溜」；而且斷言，那一溜顆粒前進的方向是繞圈奔向心臟，到時就危險了。

姥爺平時自己製作有一種「刀箭藥」。七硝八礬四水銀，在沙鍋裏炮製結晶而成。治療潰爛瘡疥、無名腫毒，極其有效。當下，姥姥將我腰間領頭一粒珍珠顆粒擦破，敷以藥末。

鑽心劇痛，不可形容。

不到一天，領頭顆粒死亡。接著，它後邊的部隊，挨個消失光亮，變黑壞死。最後，全部從身上自然跌落，蕎麥皮一般。

直到幾十年後，我才聽說，那種奇怪玩意兒學名「帶狀皰疹」。也是屬於病毒感染作怪。

黃水瘡

我出生體重十一斤有餘；母親十六歲而奶媽十七歲。先天稟賦，自幼身體健壯。送回老家隨祖母生活，鄉下缺醫少藥，我則基本不病。讀小學一年級的時候，學校裏全體學生將近四十人，都得了一種黃水瘡。只有我一個，未受傳染。

黃水瘡，生於嘴角面部以及頭部。瘡粒有杏核大小，接痂如鐵，流淌黃水。有的同學，滿面生瘡，臉子完全變成一隻癩蛤蟆；一些女生，滿頭生了瘡，腦袋上彷彿戴了一隻帽盔，瘡痂密佈連片，頭髮從瘡痂縫隙中春草似的挺出，稀稀落落。形象極其可怖。

記得全村人家，都沒有請什麼醫生；上面，更沒有什麼衛生防疫部門來協助治療。老百姓自己用土法醫治，搗些蒜泥薑汁來塗抹。

另外的治療偏方，更加奇特。

一種，是讓狗來舔。頭部抹些糖餳之類，讓狗舔食。據說，狗的唾液可以治病殺毒。

一種，孩子怕狗，母親家人往瘡痂上直接吐唾沫。早上起來，空腹，此時的唾沫叫做「餓唾」。據說，也有殺毒功能。

不經意之間，孩子們的黃水瘡突然都痊癒了。一時流行，象追星趕潮；突然消退，原因不明。

金錢癬

俗話說，內科不治喘，外科不治癬。

老年慢性支氣管炎，簡稱老慢支，屬於器質型病變。部件老化磨損，無法可治。癬疾，則多數屬於病毒作怪。人類醫藥研究發展神速，無奈小小病毒之層出不窮。

有桃花癬。多在春天流行，乃桃花盛開之時。或曰，此種癬疾長在人的面部顴骨之上，女子面頰向有「桃花」之譬喻。

有金錢癬。脖頸手臂生出，圓形，有銅錢大小。而條紋黑白相間，如蛇蟲盤繞，十分噁心。

在太原三中讀書時節，一位同學生了金錢癬。不幸生在頸椎部位，不幸請我來觀看，更不幸我看見其形象醜惡，出乎本能，不假思索，右手作鷹爪拳形狀，狠命向那金錢癬抓擊而去。當時，同學一聲哀號，抱了脖頸蹲伏於地。

羊羔瘋

癲癇，俗稱羊羔瘋。

俗稱之由來，不知是發病狀況如同羊羔犯病，還是懷疑疾病由羊類傳染。

癲癇，屬腦部神經疾患。發病突然，患者猛然抽搐，行走中會暈厥摔倒，伴有嘔吐狂吠等等症狀。

在老家跑高小時節，外村一位同學綽號「羊羔」，據說他父親患有羊羔瘋。一天，這位同學眼睛哭泣紅腫，聽說他爹犯病當中痛苦不堪，竟用剪刀自己劃開了肚子！

可以想見羊羔瘋對人的殘害折磨。羊羔瘋到底什麼樣？好奇猜測，我到底也不曾親見究竟。

然而到太原來讀中學，不期然間見到了一次羊羔瘋犯病的實例。

當時，學校有晚自習。一共兩節課時，中間打鈴，休息十分鐘。休息的當兒，一個男生和一個武姓女生拌了幾句嘴。那女生傷心，扒在課桌上啜泣良久。預先毫無徵兆，她突然抽搐開來，並且發出瘆人的狂嗥。

那狂嗥，彷彿有三十條瘋狗猛地同時狂吠起來。在寂靜的晚自習時分，耳邊乍然響起，極其恐怖、極其駭人。不幸，我與她同桌，而且她靠著過道，我靠了窗戶。周圍其他同學，挨了自殺炸彈似的逃離座位，半個教室一下子都空了。我給驚呆在位子上，無可逃遁。

幸好一位女生，年齡大些，也懂事，上來抱住武姓女生，撫慰半晌，那恐怖的哀嚎狂吠方才停息。

後來，該同學初中二年級就休學了，早早在一家百貨公司當了售貨員。老同學們談及四十年前景況，歷歷如在昨天。

觸電如百狗狂吠

聽到羊羔瘋女生有如三十條瘋狗的嗥叫不久，又聽到一個男生賽過一百條瘋狗的嗥叫。

著名的太原三中，當年校園極其破舊。原先好像是一座什麼廟宇。大操場的檢閱台，是早先的戲臺。許多教室，都是廟宇廊廡改造而成。初二時候，我們班的教室在一個破舊獨院，我班占著北房，另一班占著南房。課間時分，兩個班級的孩子在院裏擠作一團遊戲。

這天，到了下課時間，我班老師拖堂。院裏，那個班的孩子們開始遊戲玩耍。東房和西房之間，一條電線鬆弛了拖在半空，而當間有一段電線已經完全裸露。調皮的男生們，紛紛跳起去摸那電線，體會遭受電擊的感覺。

這兒，好不容易等到下課，值周生喊叫「起立」，大家與老師告辭的當兒，院子那裏就乍然發出超過一百條瘋狗的嗥叫狂吠聲。莫說同學，便是老師也被嚇呆在講臺上，挪步不得。

原來，院子裏一個男生觸摸電線玩耍，他跳得夠高，不是指尖而是手掌摸到了電線；電擊之下，手掌痙攣，他握緊並且扯斷了電線。電流作用，他再也甩不開電線；在地下瘋狂打滾，同時就發出那瘮人駭人的瘋狗狂吠來。

我們班一位任姓同學，第一個反應過來，跳出窗戶去救助。而對面班級已經有一個同學冷靜懂事，上去牢牢踩定了電線。於是，在地下打滾的男生，終於擺脫了電線的吸引糾纏，逃得性命一條。我班任姓同學剛剛跳窗落地，逃得性命的男生迎面奔來，兩人撞個滿懷，任姓同學被撞出一丈多遠。

玩兒電線的男生臉色刷白，眼神惶惶看自己的手掌心。

我的座位臨窗，只見那位手掌心裏，橫貫一道烤焦的痕跡，有指頭粗細，還在冒煙。

幼兒玩茅蛆

中國改革開放二十年，經濟建設成就舉世矚目。莫說五十年前，我在鄉下的童年時光，便是二十年前在太原市，我的孩子他們的童年時代，也有些不堪回首哩！

我的一雙兒女，上幼稚園在上世紀七十年代末到八十年代初。附近有一家「育紅」幼稚園，條件好些，沒有關係背景入不去。孩子們只好到附近另一家「三八」幼稚園入託。早上送去，晚間接回，準確說應該算是日托。

入託費，一個孩子每月四元五角，平均一天一毛五。中午有一餐飯，一毛錢伙食費既然低，飯食就很差。一毛錢，主食米麵得五分；下余五分菜錢，只好天天水煮菜。水煮茄子又黑又澀，以至於孩子們到現在都拒絕吃任何菜系的任何茄子。

管理費不高，教師少而孩子多。教師們即便有愛心，最終也都得變成兇神惡煞。否則，管理不過來。午休時間儘量延長，強迫孩子們呆在窄小的床上。三個小時不許起床，不少孩子都曾經尿床。睡不著，實在無聊，有的孩子就拿出家裏帶來的一塊餅乾玩兒。玩兒什麼呢？一塊餅乾掰兩瓣，對著磨、慢慢磨，磨成極細的粉末。

不大一個四合院，孩子們也沒有什麼玩耍的場合與器械。院裏長著一棵分岔棗樹。秋天，結幾十個棗子。大家旱天盼雲霓似的盼望棗子偶或落地，以便爭搶。

夏天，廁所生茅蛆。孩子們實在無所可玩，竟然偷偷玩兒茅蛆。養蟋蟀寵物似的，養在火柴盒裏。

——《太原日報》一位副主編大人，他小時住過三八幼稚園。與我的孩子算是校友。說起那幾粒棗子，說起玩兒茅蛆，一如我的孩子之敘述。

吃蛆

據說，廣東人活吃猴腦，不知是否有那樣蠻夷習俗？據說，彼等還專門使肉腐壞，令其生蛆；爾後吃那蛆蟲，美其名曰「肉芽」。又不知確否？

而我讀初中的時候，卻聽說確實有人吃過蛆，而且吃的是茅蛆。

西元一九六〇年，中國大饑饉，餓死人民數千萬。正是饑不擇食，太原九中有學生餓極，撈了茅蛆來煮食。

當時，校方當做重大政治問題來處理。因為上面採取鴕鳥政策，說中國並不饑餓；誰說饑餓，是給社會主義抹黑。膽敢吃茅蛆，簡直就是故意反黨反人民反社會主義。

增量法

後來，上面已經不能否認挨餓現實，校長書記給我們做報告說，我們中國發明了偉大的「增量法」。而且這方法對世界保密！

增量法或者果然對世界保密，對我們卻並不保密。所謂增量法，就是在蒸窩窩時多加水。一斤面，加六兩水，可以做窩窩。加一斤水，只能做煎餅。加兩斤水，就是增量法。結果，仍然是一斤面，做出三斤稀糊糊來，稀狗屎似的從籠屜上弄不下來。這就叫增量法，而且對世界保密！

我們的一些反特電影故事片，也總是愛設計類似情節：美國特務，要來偷我們的科技成果，秘密圖紙什麼的。自欺欺人，豬鼻子裏插蔥混充大象。

當時，做為始終受到革命理論教育的一名中學生，內心的真實想法是：

增量法一類偉大發明，還是趁早叫美國英國法國義大利等所有帝國主義國家的特務偷去吧！

糠刺

家鄉向有吃糠傳統。竟然流傳民諺說：三天不吃糠，肚裏沒主張。

一升玉米麵，做四張餅；摻入一升糠，不過能多出半張餅。一般儉樸人家所以吃糠，並不是為了多吃那半張餅，乃是為了讓餅子難吃，於是可以少吃，因而節約糧食。

到一九六〇年，大家快要餓死，不得不用糠菜來填充肚腹。

大躍進，食堂化，農民家中幾乎被掘地三尺，存糧都被搶走。此時便是連糠都極其短缺。我家，奶奶存有一囤老糠，已經腐壞變質；糠餅子本來粗糲，加之黴爛味道，實在難吃。一位同學愛彥，家裏只有一些粗糠。所謂粗糠，是穀粒最外層的糠殼，豬都不愛吃的。跑校途中，我倆曾經換吃過乾糧。心存僥倖，希冀能夠品嚐到稍微可口一些的糠餅子。結果是兩敗俱傷。

我家的糠餅子，腐壞黴變，愛彥幾乎當場嘔吐。愛彥的母親精幹主婦，細籮篩過粗糠，糠皮都成了極細的尖刺。我的牙床裏外、口腔上下，於是紮滿了糠刺。拿鏡子來照，景象可笑而又可怖。

而無論是什麼糠，食用之後一律大便燥結。孩子們拉不出，哭號聲響徹村莊。成人拉不出，下手去摳。幹硬的糞便塊子，跌落在茅石板上，叮叮作響。

蛔蟲

蛔蟲、蟯蟲等腸道寄生蟲，攪擾人類千萬年。

兒時在村裏，好像同伴們人人都有蛔蟲。嚴重的，要服用打蟲藥。中藥打蟲，用什麼藥、多大劑量，當然不如後來普遍發放的西藥片劑那麼方便有效。

我們老家一帶，一位姓綿的先生，醫術普通，卻因治療蛔蟲而成名。據說，他的女兒患有蛔蟲，百計驅除不去。直至形銷骨立，奄奄待斃。綿先生於是痛下殺手，死馬當做活馬醫。餃子餡兒裏包了砒霜給女兒吃下。結果冒險一試，竟獲成功。砒霜盡數被蛔蟲吃掉，蛔蟲盡數被毒死。據稱，打下蛔蟲有三升之多。

蟯蟲

蟯蟲寄生在人的直腸一帶，藥力不易到達，因而更為頑固難治。

聽說有人蟯蟲疾患嚴重，大解時以手敲擊屁股幫子，蟯蟲墜落有如降雪飛霜。

更有洋相人自稱：敲打屁股幫子，蟯蟲翻湧如木匠鉋子吐刨花云云。

喔喔小子

傳統戲裏，跑龍套的角色，或者是站堂衙役吼動堂威，或者是軍士兵丁出場，往往要吶喊連聲。魯迅先生最早的小說集取名《吶喊》，有以新文化小兵自任、為主將在一旁吶喊助陣的寓意。

在我們家鄉人的語言系統裏，稱那些吶喊的小兵是「喔喔小子」。是一個貶義名詞。跑龍套、沒出息、窮幫腔、瞎起哄、有他不多、沒他不少，包括形象猥瑣、寒酸窩囊等等，都可以一言以蔽之：活像一個喔喔小子！

七九子、萬有子

如果喔喔小子是特指那麼一個對象，那麼對於一堆無關緊要的人、一夥吃閒飯的人、一群應名充數的人，山西方言籠統說成是「七九子、萬有子」。

政治家有時說「群眾是真正的英雄」，讓人懷疑其中的權謀意味。民可使由之，不可使知之；民者，氓也。古代政治家乾脆就說老百姓是群氓，相當坦率。

七九子、萬有子，說的正是群氓一類閒雜人等。

老百姓口語中，有時也說「撥拉子、王八子」，更加貶義一些。

金瓦銀瓦祁雋藻

盂縣和壽陽相鄰。此壽陽非淝水之戰壽陽。語言學大師北大教授王瑤先生是山西人，曾經調侃說：我們山西，沒有肥羊有「壽陽」，沒有魚肉有「榆次」。

清代，壽陽出過一位京官重臣祁雋藻。

盂縣家慚愧弗如，自我調侃說：壽陽有的，金瓦銀瓦祁雋藻；盂縣有的，瞎筒灰背看穀佬。

瞎筒，是穀苗中的殘疾。穀苗大小皆要生穗，一個空筒，什麼都不生，是為瞎筒。

灰背，是穀苗中的病患。苗子壯碩，又高又粗，葉子粗看也碧綠，但葉片背面發灰，不生禾穗，則是灰背。

看穀佬，是穀苗中的莠草。整塊地，數它高，穀穗都沉甸甸低下頭，唯有它高高挑了一個稗草穗子，彷彿在看管那片谷地，叫做看穀佬。

什麼人，少智慧、愛胡說，人稱瞎筒。

高個子，在戲場會場格外突出，人稱看穀佬。

毛莠莠還嫌穀撥拉

在那麼一個格局裏，次要人物當家，不知身份高低，反而嫌棄主要人物，喧賓奪主之餘，尚且不能滿意。老百姓說這樣情況是「毛莠莠還嫌穀撥拉」。堪稱生動。

站著高粱杆

一種人，沒成色，窩囊廢物，村人形容是「站著高粱杆，躺下蜀黍秸」。橫豎不成材料。

墩墩窩窩

一種人，任人擺弄，少主張、無剛性，人們說是鼻涕粘涎，提起來一條、放下去一團。有時也說「墩墩窩窩、拍拍餅子」，彷彿一塊軟麵。

不足色

智商不夠，人們經常用「不夠數」、「不夠秤」、「七成子」、「二百五」來形容。

金銀講成色，九九黃金是為十足金。

晉方言形容腦子不夠辨傻事，也說某某「不足色」。

秀才比驢多

清代，盂縣也出過一位知名高官王珝。曾為京官，居翰林院；後回山西任晉陽書院山長。人稱王閣老。

王珝出生盂縣芝角村。芝角村古來學風濃郁，讀書人很多。

每當縣裏學宮考試完畢放榜之日，芝角村考中的秀才往往居全縣之冠。芝角離縣城十里，出城五里路過陳武村，新科秀才都要雇一匹毛驢回家，以示榮耀。

結果，有一句誇張的說法是：芝角村的秀才，比陳武村的驢都多。

扯纖

老百姓傳言，清朝年間，鎮上經常派差下來，要勞力去扯纖。所謂扯纖，也就是拉纖。但這個拉纖，是旱地拉纖。縣太爺坐轎下來視察什麼的，是四人小轎。沿途要各村派差八人，在轎杠上拴了繩索拉纖。如此，轎夫相對省力，轎子飄飄如船行水上。

縣令的棋牌執事，包括轎子轎夫，皆有定例。隨便派差抓夫，應屬違制。至少也是炫耀官威、勞民擾民。

據說，王閣老退休還家後，聽說縣太爺要民夫扯纖，他老先生就換上一身短打，站到路邊去迎候。縣太爺於是嚇得屁滾尿流，磕頭如同搗蒜。從此不敢再耍威風云云。

二程講學

盂縣，春秋時期曾建仇猶古國。百里方國，而且可能是赤狄、白狄之類蠻夷之邦。後晉國鑄鍾，仇猶開道路迎之，晉國乃順勢誅滅仇猶。

儘管春秋無義戰，我的看法是：仇猶國以滅亡換來文明，是歷史進步的必然。

後來，盂縣歷史上最稱輝煌的時代不過北宋。北宋一百六十年裏，山西科考得中進士者一百四十名，盂縣學子佔有四分之一。

出現這樣超乎尋常的輝煌，與二程曾經在盂縣講學不無關係。

河南程頤程顥，母親侯氏是盂縣上文村人。二程乃盂縣外甥，當年曾經來盂縣講學。

盂縣至今留存古跡「程子崖」，稱為二程講學處。

吃生

解放前，太原腳行裏，扛麻袋、下大苦的，以盂縣人稱雄。

家父十八歲在腳行當大工頭，他的說法是：苦焦地面，吃糠咽菜，偏生格外能下苦，那是生就的騾馬骨頭！

在老一輩的傳言敘述裏，特別有力氣的人很多，格外飯量大的人也很多。如今時代進步，老百姓豐衣足食，繁重體力勞動減少。人們不再下大苦，村裏特別有蠻力的人少了；大家不再挨餓，格外能吃憨飯的把式也沒有了。

老一輩人，格外有力、特別能吃的例子，如今成了傳奇。

讀書人，叫書生；教書人，叫先生；唱戲的，有老生、小生。盂縣家，把特別能吃的傢伙，或者只會吃飯的酒囊飯袋，叫做「吃生」。

小羊倌吃糕

村裏過去合群放羊，要雇羊倌。主管羊倌之下，還需要一個小羊倌。

有個小羊倌侯寬，能吃。尤其能吃糕。村裏至今傳言他的故事綿延不絕。

農曆初一十五，鄉俗要吃糕。羊倌們輪流吃百家飯，每逢這些日子，輪到誰家也都是吃糕。大羊倌中午回來吃飯，帶一條狗。小羊倌和一條狗，留在山裏看羊。

用飯時，主家儘管禮讓，羊倌們都自覺，一身羊膻氣，不便上客房，就在廚房隨便了。狗呢，羊鏟插在院裏，拴狗的索子套在羊鏟上，在那兒吃狗泔。人狗吃罷，主家照例給山裏備好了吃食。一鍋狗泔，一鍋飯菜，繩絡網了，羊倌挑了上山。

如果遇上吃糕，往山裏帶飯，一般是依照常人飯量，一鍋菜，八隻糕。

侯寬卻格外喜愛吃糕。八隻糕，頂多填牙縫罷了。一邊唬了臉子吃，一邊磨磨叨叨詛咒，又不敢高聲：操他祖宗的，八個糕，核桃蛋子來大，夠毬誰吃？喂一隻喜鵲子，喂黑老鴰都不夠！

聲兒不高，老羊倌卻也聽見了。安排道：這不十五嘛，到初一了，你下山吃糕去！我有八個糕，管夠啦！

熬了半個月，侯寬下山來吃糕。這家婆婆與媳婦炸好油糕，放在大砂鍋裏；下苦漢子還沒收工，媳婦先招呼羊倌用飯。侯寬倒屁股蹲在廚房炕沿上，就著大砂鍋放開肚皮來吃糕。看看砂鍋底，剩了八隻糕，自己差不多也飽了，準備拿飯上山。

媳婦凡事都得請示婆婆，朝正房裏呼喊道：媽！羊倌吃完了。往山裏捎飯，拿多少糕呀？

婆婆一一安排說：給山裏拿上八個，給你男人留出十二個，你先吃上兩個！

媳婦回答：媽，就剩下八個糕啦！

婆婆在正房就拍腚打胯吼叫開來：

媽媽呀！我那是一百零五個糕呀！

玉馬師傅

我唸小學時候，村裏有一任羊倌名叫玉馬。

玉馬師傅能吃。吃麵，準得六七碗；吃糕，也得四十來個。放羊一年，被辭退了。

六十年，餓死人。玉馬師傅討吃來到我們村。四大爺心善，看見玉馬餓相狼狽，正從蘿蔔窖夠上一筐蘿蔔，指了指說：三請不如一遇。遇上了，你就吃幾根蘿蔔吧！

玉馬眼圈紅紅的，當場吃了一整筐紅白蘿蔔！

玉馬那樣飯量，遇上那樣年頭，四大爺末了感歎說：這人大概活不出呀！一筐蘿蔔救不了人命。不久，聽說玉馬就餓死了。

木工吃帶魚

困難時期供應帶魚，山西作協當時雇傭的一個臨時木工也分得了一條帶魚。聽作家協會老人講，辦公人員把魚給了那位木工，木工當場用斧頭將帶魚剁成兩截；兩截生帶魚，一不剮鱗、二不剖肚，就那麼並起來，吃生蔥似的飛速吃掉。

所謂饑不擇食，信夫！

貧不擇妻

饑不擇食，是古代流傳民諺俗語類。完整諺語共四句：

饑不擇食，寒不擇衣，慌不擇路，貧不擇妻。

黑肉老師

我讀小學，教書時間最長的是李榮耀老師。李老師小名黑肉子，背地裏我們都叫他黑肉老師。

每過一段時間，奶奶安排家裏請先生來吃飯。每次我都注意到，黑肉老師都能吃六七碗幹撈面。吃糕，也得三十多隻。

農民尊重文化人。黑肉老師毛筆字寫得好，打罵學生也賣力，老百姓對他評價一直極高。只是，他有點能吃，受苦漢都不免怪異：一個教書先生，好狗日的，比咱們還能咥打哩！

吃個「大小建」

莊戶人，受苦漢，能吃，不丟人。地主雇長工，毛澤東的父親似的，不怕長工能吃。能吃能幹。能吃，往往倒是優點。

山西多數地面，兒子娶妻、閨女出嫁，擔送禮盒的人員，雇工都講究雇傭好吃手。到了親家門上，要表現得相當能吃，這才算是爭面子。

有的地方，於是漸漸形成風氣，講究吃一個「大小建」。陰曆大建三十天，小建二十九天。那麼，吃手們無論吃糕還是吃饅頭，得吃進去三十來個，算是完成任務。

蒼狼啃玉米

我們村，金川銅川弟兄，算是能吃。弟兄幾個，個頭高低不等，生的都是那種轉腰大肚，看著就十分放貨。

銅川，排行老四，綽號蒼狼。好個頭，尋常能扛五六百斤。除了種地，外帶石匠手藝；還會打廈子、逮兔子。一輩子打鬧吃口，一輩子吃不飽。

有一次，給外村人家碹墓葬。三餐管飯，上午下午按規距送乾糧。乾糧，窩窩一類，一隻半斤，一般是一人兩隻。蒼狼嫌乾糧少，肚餓，正是將要收秋節令，墓地邊就是玉米地，蒼狼便掰了嫩玉米來烤了充饑。

嫩玉米，一泡水兒，蒼狼手執玉米，卓別林吃玉米一般，鏇床似的那麼一鏇，就是一穗。據一塊幹活的小工報道，蒼狼吃了足有四十多穗玉米。

主家心疼，宣傳說：紅崖底的石匠，真是一頭活牲口。一頓吃了我一斗玉米！

金川題詩

銅川一頓吃了四十穗玉米，人們擔心議論：要是消化不開、翻轉不過，不得憋死啊？老母親繼小老太一點也不擔心：沒事！回家來還認得我哩！老大那回吃得都認不得我了，也沒憋死。沒事！

老太太說的老大，是銅川的大哥金川。

金川，一隻斜眼，在村裏草台戲班裏還是個把式。能唱老生，能拉葫蘆子打板，還能給人說戲，好比如今的導演。平常村裏出了什麼新鮮，金川馬上就能編撰一些笑話順口溜之類出來，而且通俗上口，在村裏立即風行流傳。

有個愛喜，外頭搞破鞋，老婆知道了，在十字街上當眾和他鬧事。愛喜傷了面皮，當街痛打老婆。第二天，村裏就傳開一段順口溜，專說這事。其中幾句我還記得：

愛喜哥，戳了火，
十字街上打老婆。
不是人多住手快，
差點把老婆打毬壞！

有一回，金川到舅舅家串親戚。舅舅家一來窮困，二來知道金川的飯量，只拿幾塊穀面窩窩來招待。而且吃到半截，廚房裏就不再上飯，舅舅因此和妗子吵鬧起來。金川連半個肚子都沒吃飽，磚縫裏摳了一疙瘩白灰，在舅舅家烏黑的牆上便題詩一首：

今日來在舅父家，
穀面窩窩招待咱；
舅父舅母打起架，
走吧走吧快走吧！

題詩之後，不告而別。

事後，舅舅為此還找上門來問罪。金川斜眼微笑了，熱情接待舅父。端上一筐玉米麵窩窩，讓舅舅管飽吃；而且拿了一隻粉筆頭，對舅舅說：

舅舅，我上你家，吃的是穀面窩窩，尚且沒吃飽。外甥拿不出什麼好招待，玉米麵窩窩盡飽吃！舅舅要是還不滿意，你在牆上給外甥隨便題詩留句！

舅舅哭笑不得，問罪一事只好作罷。

紅崖底的戲

農耕文化，鄉村社會，曾經孕育了豐富的民間自娛自樂樣式。即以我們偏僻窮苦的紅崖底而論，當年也有高蹺班、八音會，鐵棍夥子旱船隊。逢年過節、廟會大集，扮演出來，供本村百姓觀賞、與周邊村寨比試。

而且，百十戶的村子，還有一個草台戲班。文武場家什齊全，置買過若干行頭。我爺爺在戲班裏打板，好比樂隊指揮。大伯們都學過幾出戲文，分別能出演《春秋配》、《牧羊卷》、《雙別窯》等劇目。

當然，比起集鎮大村，我村的戲班行頭寒酸，遭人笑話。大家編了順口溜來調侃：

紅崖底的戲，不洋氣，
一對靴子來回替；
腰圍玉帶籮頭繫，
頭戴官帽節節笈。
矛子槍，連枷柄（讀如匕），
簸箕舌頭紗帽翅。

沒牙老旦六十四，
唱大黑的岔了氣。

其中，笈本是書箱，方言指籠屜。節節笈是多層籠屜。

七緊八不緊

所謂無廟不成村。鄉村過去廟宇多。有廟宇，便有廟會。廟會，多半要唱戲。借娛神而娛人。

盂縣地面，不到二十萬人，當年有七八個戲班子。廟會大集來回趕場，老百姓的說法還是「七緊八不緊」。

合作化之後，鄉村文化遭受空前破壞。眾多戲班合併成一個縣劇團。老百姓看不到戲，演員發不出工資。

七緊八不緊，還有一個用法。過去交通不便，人們外出要步行。河曲家走西口上包頭，盂縣家趕考做生意跑北京，步行天數需要七八天。換一種說法，叫做「緊七慢八」。

七死八活

圍棋死活，在邊上二路行棋，不僅占地少，而且有死棋之虞。有棋諺曰「邊行七子活也輸」。一般的情況是七死八活。

懷疑此語來源於圍棋。

七上八下

歷史悠久的劇種，京崑亂彈，傳統劇目中有上下樓梯的虛擬表演，那麼一定是七上八下。

這一成語可能由此而來。

大的扯疤二的吊

村裏會計張計德，五個兒子。前三位逐年娶了媳婦進門。大媳婦眼角有個疤瘌，老百姓叫那是扯疤眼。二媳婦一隻眼有些斜視，人們叫那是吊線眼。三媳婦一條腿微瘸，行走起來象扭秧歌。

一連三個媳婦都有些毛病，村裏一時就旋風似的傳開一段順口溜：

大的扯疤二的吊，
三的秧歌扭得妙。
老四老五緊呼叫，
爹！誰給咱起下這灰號？

會計家的大兒媳卻是個要強女人，認定是金川所為，找上門來鬧事。

金川自己是個斜眼，老婆害眼接近半瞎，獨養女兒反桃一條胳膊殘疾。那家大兒媳來鬧事，後邊跟了不少看熱鬧的。進門劈頭就是一個不客氣：

說人道人，不怕舌頭生瘡！你咋不編編你家？

金川嘿嘿一笑：我家早就編好啦，我給媳婦子你說說？
漢子斜眼老婆瞎，
獨生閨女瘸胳膊。
實際情況明擺著，
媳婦子，誰要想說隨便說！
看熱鬧的哈哈大笑。鬧事媳婦也只好不了了之。

金川吃糕

金川多才藝，好飯量，身為農民偏偏幹活下苦不沾弦。

每年盛夏，割麥夏鋤時節，村裏勞力都要外出打短工。搶收麥子，以及間穀苗，打鬧一些銀錢。一個長工，當時行情，一年賺大洋二十四枚，月工資兩塊。打短工，一天可以賺到七分錢。

這樣時候，金川也要混在苦力中間，外出混飯。至少，可以飽餐數日。

有一回，下山到陽曲地面給大戶人家割麥子。為著抓緊晴朗天氣收割，中午苦力們不回村裏吃飯，主家送飯到地頭來。這天，飯食是油糕，另外有稀飯解渴。油糕一筐，稀飯一桶，正好一擔。天氣炎熱，苦力們都是先喝了幾口稀飯，然後到地頭樹蔭下抽煙歇息。落落汗水，隨後用飯不遲。

不料金川本來能吃，尤其能吃油糕，獨自蹲在筐子跟前，將七八個短工的伙食盡數吃完。吃完之後，也到樹蔭下來，仰面躺了歇息。

其他短工，待要吃糕，發現籮筐空了，都氣呼呼地躺倒不幹了。主家下午到地頭來驗看，見人們都不幹活，自然不高興。開著工錢，管吃管喝，怎麼能躺倒不幹呢？眾人就說了情由。油糕都讓金川一個人給吃光啦！金川呢？那不是，仰面朝天在那兒睡覺哩！

主家到跟前來看，金川敞著懷，肚皮凸著戰鼓似的在喘粗氣。主家便質問了：

他們不動彈，是沒有吃上糕；你吃了我一籮頭糕，怎麼也不動彈？

金川乜斜了眼，反過來質問：

我說東家，讓你一個人吃上一籮頭糕，你還能動彈？

三十里莜麵四十里糕

受苦人吃東西，首先講耐饑，其次才輪到可口與否。喜歡吃結實乾糧，覺得壓饑。爆米花、菜團子之類，不壓饑。

各種糧食，什麼耐饑？老百姓有經驗之談說是：

三十里莜麵四十里糕，
二十里豆麵餓斷腰。

剛剛才壓住些饑兒

村裏有個東昌老漢，外號大耳朵。大耳朵好飯量，年輕時候尤其能吃。

當年，溝裏張家莊有人做莜麵河撈，間或用托盤端了到我們村來賣。莜麵河撈，好比四川擔擔麵，是一種涼麵。配以辣子芥末蒜醋之類調料，乃是盂縣地方著名小吃。

一託盤莜麵，提前壓製好，分成把子。規距是八斤莜麵一鍋，分作三十把。賣莜麵的端了一鍋莜麵出來，正好我爺爺領工在河灘裏打壩。大家歇下，抽煙說話。大耳朵寒磣那家的莜麵把子太小，分量不足。賣莜麵的不讓，結果吵吵起來打賭。三十把子莜麵，讓大耳朵來吃。如果吃掉，算是白吃；吃不掉呢，花錢買了。

都是張姓本家，條件不算苛刻。大耳朵加了調料，就一碗一碗來吃。大家擔心懸想當中，眾目睽睽下，大耳朵竟然乾乾淨淨將三十把子莜麵收拾得地了場光。

賣莜麵的臉子灰灰，拎了空空一隻托盤回村。我爺爺擔心大耳朵吃得太多，怕他憋著，不要他接著幹活打壩。

大耳朵照樣去扛大石頭，一邊還說俏皮話：

哪裡就憋著啦？我剛剛才壓住些饑兒吶！

壓饑，他還專門「兒化」一番。

豁牙金虎

家父在日，常常說起他十八歲當上腳行大工頭的事蹟。喜愛吹乎當年「過五關」，恐怕也是常人常性。

村裏人能吃，比起在腳行扛大活的把式，根本算不了什麼。敢到太原府來闖江湖、吃腳行，並且能夠站住腳，往往都是精壯後生、鐵打好漢。三兩面的蒸饃，尋常有人能吃五六對。並非打賭，有個後生一頓能吃蒸饃十七隻，所以外號叫個「八對半」。

鄰村一個金虎，也來太原幹過腳行。當初三十出頭，年歲不算大，已經掉了好幾個牙。吃飯就比別人慢，從開飯吃到開工，不知到底多大飯量。

這天，大家哄起來，打賭。要金虎吃三十根油條，外帶三十隻餅子。吃了算白吃。金虎分明吃過早飯，人們懷疑他不敢應承賭局。不料金虎呲了豁牙，笑笑，竟同意打賭。

對方即刻買了東西來，大約上午十點鐘開始，看著金虎吃。金虎豁牙露齒的吃得慢條斯理，對方就著急了：照這樣，你吃到猴年馬月，那還算什麼打賭？

金虎爭辯說：我吃得慢嘛，有什麼辦法？

中間公正人出來說話，時間限定在正午十二點。那時，電燈公司鍋爐放汽，俗稱「嚎汽」；嗚響汽笛報時，整座城市都聽得到。不到噯汽時間，吃完就算金虎贏。離噯汽還有一根煙功夫，金虎終於將餅子油條盡數吞咽下肚。打賭一事，以金虎勝利而告終。

噯汽過後一陣陣，工房大師傅擔了飯來。人們都心說，金虎不停嘴吃了多半上午，總該不吃午飯了。誰知他竟然也湊到跟前去拿碗動筷子！

大家有的笑，有的罵，金虎豁牙笑笑道：

我是吃得慢，哪裡就吃飽啦？

頓飽己未

父親一個堂侄己未，屬羊的，比父親大兩歲。在腳行當過班長。幹活一把硬手，給發電廠卸煤，敞車底子上的釘子頭，尋常讓己未的鐵鍬「刷刷」鏟斷，飛刀切草一般。吃飯也是一把硬手。

和人打賭吃糖三角，能吃一百個。據他說，再來十個八個也行，只是那糖吃到最後發苦，有些難受。

一度時間，腳行工房裏人們飯量不一、伙食費卻要均攤，搞過一段定量。怎麼定量呢？父親說，早上小米一斤，中午白麵一斤，晚上豆麵十二兩。多數苦力都能吃飽。

己未侄兒自然吃不飽。他自己後來想出一個辦法，把白麵、豆麵和小米，一下混煮一鍋，早上一頓吃掉。父親問他，一天只吃一頓飯，如何可以？

己未很是得計，說：六叔，一天吃三頓，頓頓吃不飽，整整餓一天；要是這麼吃一頓吶，肚裏飽興興的，至少一上午壓住了饑兒！

自報口糧

建國後，一九五五年左右，國家實行統購統銷，糧食定量供應。幹腳行扛麻袋的，改稱裝卸工，也要定量。上級派人來做調查，要大家自報口糧。

象己未子、八對半，這些把式，都自報了每月二百斤。

特別有一位，報了二百七。他對工作組說，反正我是一頓三斤麵，一天能吃九斤。要是不相信，請工作組監督上一個月！

搬運工列為二級重工，最後定量每月五十四斤。大家多少年吃不飽，也餓不死，就那麼熬到了取消糧食定量供應的年代。然而此時，老腳行們都過了六十歲，已經吃不下多少東西了。老夥計們見面說起，不勝唏噓。

老來頭吃棗糕

計劃經濟年代，太原市有一樣吃食個別時候不要糧票。那就是切糕。

那時，人們不懂環保，處處環保。早上賣油條，拴油條的是馬藺草；割切糕，包切糕的是荷葉。

父親這時當著隊長，卻尋常晚起；行道裏的夥計有時路過，叫他起床上工，一邊說些事情。有一回，老來頭要說什麼事兒，荷葉上托了一條棗糕進來。父親急忙起床，看看那一條切糕，故意逗樂，要我看稀罕。

老來頭，這是幾斤?吃上這麼一些兒切糕，能行?

老來頭那時五十出頭，一邊吞咽一邊老實答話：

老啦，也就吃上六七斤算啦!象你們後生家，這不用糧票的東西，不得十來斤?

說話間，一寸厚、五寸寬、二尺多長一條切糕，平易近人吃了下去。

眼見為實。於是，我對父親所說腳行苦力們的種種傳奇，更加深信不疑。

大米

大米，是一個人。姓米的一位戰士，因為個子大、塊頭大，人稱大米。

大米本來是三鐵運動員，文革中體工隊解散，參軍到了新疆。我一九六八年入伍，六九年中蘇邊境起了爭端，從38軍調到新疆獨立三師。大米正在其時入伍。

大米體重有一百四十公斤，身高接近兩米。據說，當時體工隊伙食標準每月四十五元，僅次於飛行員；而部隊一般連隊伙食標準不過十四元，大米整天叫喊伙食太差。連隊的饅頭，二兩一隻，大米一餐總得吃三十來個。兩口一隻，速度飛快。別人吃完，大米也就吃完。

至於部隊翻手腕之類遊戲，沒人是他對手。伸出一隻大拇指來，任你隨便握、隨便翻，大米的胳膊紋絲不動。

師部直屬隊一個參謀，矮墩墩的很結實，綽號坦克。打籃球的時候和大米爭搶，大米絆倒坐在坦克身上，「坦克」當場就熄了火，休克過去。

此類人物，天生神力。我想，打虎武松，拳打鄭關西的魯智深，手格猛獸的許褚所謂「虎賁」，多半正是這等大漢。

三升半

祖母娘家村子叫個大獨頭。大獨頭有個漢子，綽號三升半，人稱半掛車。

半掛車，是說他力氣大，能頂半掛大車。

三升半，是說他能吃。

過去老百姓使用的鐵軲轆大車，車軲轆連同車軸轅條車廂，少說也有八百斤。半掛車鑽到車底，輕易扛將起來，繞場院走那麼三五圈。所以人稱「半掛車」。

有那麼一個秋天，他和老婆帶了鍘草刀，去偷鄰村魏家溝的蕎麥。囤糧食的荊條囤底，用椽子擔了兩隻。鍘刀鍘了蕎麥穗子，裝滿囤底，鍘草刀掛在一頭，擔起來一試，有些偏沉；乾脆讓老婆跳上另一頭，一溜風擔了回來。

半掛車還沒成家的時候，老媽給他燒飯。這天早晨，他砍柴回來晚了，饑渴已極，一頭撲進廚房用飯。火爐臺上，簸箕裏有那麼十來隻窩窩，一口氣吃完；這才壓住了饑火，開始喝湯。端起砂鍋喝下去半鍋，喘氣勻稱了，呼喊母親：

媽！今天這稀飯咋這麼稀？你沒有下米？窩窩好像也不中，吃見有些沾牙！

原來，他回來晚了，錯過了飯時。老媽在爐臺烤窯裏給他烤著窩窩，稀飯吶，在地下柴火上給他溫著。他喝的湯，原來是洗碗水。至於那窩窩有些沾牙，是這麼回事：蒸窩窩的時候，開水潑了面，捏好窩窩形狀，要在爐臺上發一發然後再蒸。那樣，窩窩才會更舔更暄。鬧半天，半掛車竟是吃了一鍋生窩窩。

老媽此刻聽見兒子發問，心下焦急，搗著小腳往廚房趕，一邊責罵：

小挨刀的，你不是吃了我的生窩窩、喝了我的洗碗水吧？

生窩窩不多，三升半穀麵。吃掉三升半穀麵窩窩，而且是生窩窩，這位由此便得了綽號「三升半」。

打下糧食，將將夠吃。家中養不起大車，冬天準備燃料時，半掛車上煤窯人工擔炭。像我家那個己未，當年趕著毛驢上煤窯，驢馱二百、人擔三百，村裏傳為佳話。半掛車擔的家什，還是那種荊條囤底。擻滿了准有八九百斤。煤窯上從來沒見過有人能擔這麼大的筐子，放話出來：莫說五十多裏擔回你家大獨頭，真要能從煤窯擔出外頭官道上，媒本兒就不要啦！

半掛車就更加將筐子堆滿些，問清楚真個不要錢，擔了起步。煤窯上派個小工跟蹤監視。半晌，小工跑回來報告：

好狗日的！擔出去三裏地，還沒換肩哩！

評書《薛仁貴征東》講英雄困頓時，空有千斤氣力，頓飯能吃斗米，只落得給人當雇工的地步。半掛車一類人物，若吃糧當兵，扛得重機槍；若從事體育，可以成為重量級摔跤舉重運動員。生於大獨頭，死在窮山溝，不亦惜哉也夫。或曰，生不逢時，莫如不生。

早知道吃不飽

半掛車有個姐姐，出嫁到盂縣城南。當弟弟的卻多年不去作客走親戚，原因吶也簡單，就是當客人，吃不飽。當姐姐的，有不讓弟弟吃飽的道理嗎？只是姐姐頭上有婆婆，媳婦做不得婆婆的主。

過了些年頭，姐姐兒成女大，儘管上頭婆婆還在，也熬成一個掌家的媳婦了。回娘家見了弟弟，就一再盛情邀請。說姐姐如今如何管事，如何能夠保證給弟弟吃飽云云。老媽也勸，走親戚嘛，親戚就是越走越親等等。半掛車就被說動。

要去走親戚，半掛車早飯便含糊了，一升米，二斤來的，熬些半幹不稀的二粥喝下。步行四十來裏，路過城北的陳武村。他卻有個姨姨嫁在這兒，想起老媽囑咐，順路進來看看姨姨。

鄉下習慣，半上午蒸乾糧，然後熬湯煮菜，等受苦人下地回來食用。半掛車進了姨姨家，這兒乾糧剛好下籠。姨姨稀罕外甥，請他吃窩窩。半掛車老實告訴，今天要上姐姐家，姐姐說是要給吃飽，這裏就不用吃了。姨姨一再謹讓，說是知道他的飯量肚子，走了幾十裏，多少吃一點壓壓饑。

家鄉窩窩規格定例，一升面捏四個，一個大約半斤。家鄉習俗吶，窩窩要蒸兩樣：一樣純玉米麵，給受苦人吃；一樣摻糠，婦女兒童特別是媳婦來吃。窩窩剛出籠，香氣撲鼻的，半掛車逆不得姨姨好意，拿起玉米麵窩窩吃了四個。吃罷，笑一笑，說：

我也不好意思盡吃玉米麵的呀！

抓起糠面窩窩，又吃了兩個。嘴裏許多糠皮，又拿一隻玉米麵窩窩嗽了嗽口。

七隻窩窩下肚，這才繼續趕路。

到了姐姐家，姐姐高興極了。時間也就接近正午，急忙安排客飯。姐姐此時雖然掌家，上頭畢竟還有婆婆，按規矩請示一回，婆婆安排了，吃蕎麵！

盂縣家所謂細糧，有「蕎好豆麵」之說。好麵，即是白麵，過年才吃。蕎面豆麵，生日過節、客人病人老人食用。

這兒婆婆安排吃蕎面，姐姐面上生光。和上多少麵呢？自家人的午飯已經做得，客人嘛，和上一升！

說是一升，姐姐這廂，升子底部壓得磁實，上面戴了帽帽，一升也抵得升半，有三斤來的分量了。

吃罷一升，半掛車不放筷子。

姐姐知道弟弟飯量，接著和麵。

吃罷兩升，弟弟還是不放筷子。姐姐陪了萬分小心請示婆婆，婆婆唬了臉，答應和第三升。

吃罷三升，半掛車還沒有放筷子的跡象。婆婆那兒臉面陰沈，快要滴下水來。姐姐這兒抓捏了一顆心，給弟弟努嘴唇、使眼色。

半掛車心情大壞，將飯碗朝桌子上一墩，火悻悻言道：

我早就知道吃毬不飽！

好麵

太原正東，倚靠太行山自南而北排列平定、盂縣、五台三縣。

三個縣的人，到河北平山做生意，住了一家客棧。三位突然吵了起來。因為什麼呢？地方保護主義作怪，都說是自己講話好聽，口輕，接近官話。吵得不亦樂乎，驚動了店家。

店家心裏其實有譜。平定水流東去，與河北井陘接壤，話音帶捲舌，分明講話最口輕。但住店的都是客官，店家不便直說意見。想了想，抓了一把白麵來，放在桌上。要三人靠近麵粉，說出麵粉名堂。由此來做判斷。三人同意了。
平定家，白麵就說白麵。麵粉不少動。
盂縣家，白麵稱為好麵。好字一出，吸動麵粉，吞了半口。
五台家，白麵也說白麵，但白字發「撇」之音。嘴唇厚厚，氣魄浩大，一聲「撇麵」，將麵粉噴得滿臉。
何人口輕，立判高下。

太行八陘

太行南北走向，乃黃土高原與華北平原天然分界。
橫穿太行的通道，稱為陘。有太行八陘之說。其中，韓信背水列陣的井陘，最為著名。石太鐵路、太舊高速公路，皆經由井陘。
秦嶺東西向，與淮河一塊橫貫東西，是中國南北方地理分界線。
穿越秦嶺的通道，稱為谷。有秦嶺十谷之說。有子午谷、褒斜谷等。孔明六出岐山，走子午谷。

們五台　俺定襄

山西多山，交通阻隔而方言駁雜。

從口音話頭區分人們籍貫，民諺多多。有一則是：

們五台，俺定襄；
日煞榆次吸壽陽。

五台家自稱曰「們」，其實是「俺們」的急讀。好比盂縣人自稱是「嗯」。

閻錫山夫人到南京，問她吃什麼，答曰「們不饑」。我不餓，暫時不吃什麼。接待者到處打聽何為吃食「們不饑」，編作笑話傳說。

榆次家口語虛詞，愛說「日煞」；壽陽家則多用「吸」來助語氣。

督軍姓甚們姓甚

閻錫山統治山西多年，重用不少五台同鄉。於是有「會說五台話，就把洋刀挎」的民謠。笑話說，一個五台老鄉在督軍府門口被門衛攔住，問他姓字。老鄉誑言道：

督軍姓甚們姓甚，們和督軍打對門。

門衛知其撒謊，一個巴掌打上。老鄉實話說：

督軍姓閻們姓李，們離督軍四十里。

人們誇許這巴掌厲害，一巴掌打出四十里。

啥與咋

方言只為說話方便，並不為著寫文章誇耀。省略音節急讀詞語相當多。什麼，急讀為啥；怎麼，急讀為咋。例子多多。窟窿與孔，如今口語筆錄，都在使用。激凌與驚，口語說打個「激凌」，急讀為吃了一「驚」。

乾一點

山裏人厚道實在，待客捨得吃喝。山西地面一直有「土厚人情薄」的說法。土厚，地方平廣，更加接近現代化；而現代化商品經濟發展的副產品就是人情澆薄。晉中盆地，歷史上晉商集中的地方。地方富庶而人情反倒澆薄。

村裏唱戲，看見外村的親戚，也說客氣話。話這樣說：看完戲，回去吃飯吧！面兒上，像是邀請客人來家吃飯；實際語意，是要客人回自家去。

有不透氣的客人，或者專門誤解意思者所謂惡客，偏偏就上門來吃飯。那麼主家也有對付辦法。

辦法之一，剛剛給客人撈上一碗麵來，就當面催促道：

客人，你快點吃，咱家娃娃還等著用碗哩！

辦法之二，客人不過吃了淺淺一碗麵，第二碗主家要問：

這一碗，湯一點還是乾一點？

吃飽了，或者半飽了，當然往下就要湯一點。客人臉皮薄，不好意思了，往往落入彀中。當一回客人，擔了吃飯名聲，其實根本沒敢吃飽。

遇上外頭見過世面人物，討厭本地風俗，偏偏要來作對。問他湯一點還是乾一點？大聲回答如同吼叫：乾一點！

連著來上六七碗乾一點，主家實在肉疼，只好直接問：

你到底還要吃多少？

客人或者就張開嘴巴，讓主家來看：

你看吧！看見喉嚨裏滿上來，我就不吃啦！

盂縣家待客

盂縣窮苦，糠菜半年。秋天收穫土豆蘿蔔，可以窖藏。南瓜豆角，則切絲曬做乾菜。到青黃不接時候，煮一鍋菜來填肚子。飯食缺少糧食，主要是瓜菜，貶稱曰「熬煮」。

貴客登門，無論如何要給客人吃精米精麵，不興上熬煮的。

出差下鄉外調人員，到村裏吃派飯，老百姓好客，總要千方百計給吃點細糧。黑醬熬出醬湯，用來澆面，不能給客人吃半點蔬菜；那兒孩子們卻只能吃熬煮，端了整碗的南瓜土豆來充饑。

孩子們眼饞客人飯食；客人則心裏詛咒：

盂縣家真是小氣！整鍋的菜不給人吃，弄一股黑湯澆面，打發客人！

理解錯位，好心尋常變作驢肝肺。

吊塄瓜

盂縣人，將西葫蘆稱作北瓜。發甜而能熬稀飯的瓜，稱為南瓜。

水土關係，或者是蜜蜂傳粉作怪，扁圓的南瓜所謂柿子瓜，在盂縣都要變成長條形狀。

山區多梯田，農民善於利用土地。南瓜栽到地邊，讓瓜蔓伸出地邊吊在梯田地塄上。結了南瓜也就吊在那兒，越吊越長。這樣長在地塄上的瓜，專門叫做吊塄瓜。

有人腦袋扁長，美國人的腦袋似的，人們就形容是一顆吊塄瓜。

扁骷髏、鹼骷髏

山裏過去人們本來營養差，產婦坐月子又不給吃乾飯。小米炒過，給產婦喝炒米稀飯。頭三天，婆婆三根指頭來抓米，抓起多少算多少。三天之後，稀飯裏熬一酒盅炒米。

據說，這樣產婦利於排出惡露，調理身體。嬰兒吶，奶水稀薄，漸漸營養，不會吃壞。或者有道理吧。這樣風俗多年不變，其直接後果是產婦虛弱，嬰兒嚴重營養短缺。最顯見的是嬰兒缺鈣，腦袋如同一隻軟柿子。朝天根本擺放不住，只能左右平擺。孩子們的腦袋就拍餅子似的越拍越扁。

所以，在太行山裏，最容易見到美國式腦袋。左右三寸來寬，前後一尺多長。這樣的頭顱腦袋，一般便叫做扁頭、扁忒腦。

說的貶義一些，稱作扁骷髏。幽默一點，叫做吊堺瓜。

有時，也形容成「暖鞋樣子」。暖鞋樣子，不足三寸寬，將近一尺長，正是扁骷髏的尺寸形狀。做鞋，需要鞋樣子。

還有一種腦袋，奇形怪狀、三角八腦，則叫做「鹼骷髏」。

有的土地深處，埋藏一些石頭疙瘩。像是薑塊，人稱「粒姜石」。據說可以入藥，增加礦物質，防癌。粒姜石，也叫鹼骷髏。那樣形狀的腦袋，比美國人的腦袋還要難看。

張籮子、箍漏鍋

過去在鄉下，經常有一些匠人走村串鄉。張籮子的、箍漏鍋的、釘盤碗的，銀匠、錫匠、小爐匠，釘馬掌的、修鎖子的、修炊具的，所謂小手工業者，應有盡有，你來我往。

不同匠人的吶喊吆喝聲，各不相同。即便是本地人，因為跟師傅學了吆喝，聽著也都侉得很。

張籮子的，修炊具的，以河北武安涉縣的師傅居多。武安涉縣與山西是近鄰，在太行山的東側。那兒人們的腦袋，比山這一側人們的腦袋還要扁骷髏。

張籮子的，吆喝起來是「張兒籮來」，彷佛高出一輩，占別人便宜。修炊具的，不吆喝，一個鐵片上拴著一些金屬擦菜片子、河撈床底子，打竹板似的那麼敲打。發出的聲音吶，「鐵、鐵、鐵」那麼響，彷佛在叫「爹」，又低了一輩。

籮子，籮底講究馬尾材料。馬尾籮，張好以後，匠人要站到籮子的絲網上去，顯示他的手藝和馬尾材料的強度。人下來後，籮子一點不變形。比起銅絲籮來，有彈性、更結實。

誰家瓷碗瓷盤摔開了，釘盤碗的在瓷器上鑽孔安鋦釘。所謂「沒有金剛鑽，不敢攬瓷器活」。一隻瓷碗，要鑽二十來個孔，安十來個鋦釘。那只瓷碗值多少錢呢？

箍漏鍋的，就吆喝箍漏鍋。但山西家把「箍漏」兩字，理解成一個動詞。補鍋、鋦鍋，箍漏鍋，一樣的意思。鍋破了嘛，請匠人箍漏箍漏！箍漏住了，還能使喚！

刮子

村裏，偶爾也來賣梳子和刮子的。

專賣梳子刮子的小販，梳理著鍋蓋頭，褲腿高懸而開口極寬。老百姓叫他們是「冷傍子」。回憶小販口音，靠近南方。其口音讓人覺得更為冷僻吧。

梳子，是木梳。講究是硬木。一人高的地方摔在石板上，摔不爛，老百姓才會買帳。

刮子，亦即篦子。方言叫刮蝨子。齒縫非常緊密，梳頭的時候，可以將蝨子、蟣子篦下來。

我見過一次賣刮子的。刮子，中間一根硬木，兩邊魚刺似的鑲滿竹齒。小販為了證明他的刮子結實，當街表演砍柴。村人專門找些乾硬木棒來，那人將他的刮子當劈柴斧頭一樣使用。木棒果然被紛紛劈開，而刮子完好無損。

這樣質量的刮子，一對喊價五角錢。你真的買兩隻，小販就另外奉送兩隻。

一隻刮子，算下來一毛來錢。

錢，曾經是多麼值錢；而手藝和人工，曾經是多麼不值錢！

四大難聽

越是偏僻地方，方言越難懂；方言越是難懂的地方，人們更加地方保護主義，保護方言。

父親在太原六十年，鄉音始終不改。我在父母身邊，是不敢不說盂縣話的。否則，有忘本的嫌疑。至少，表示你不那麼愛家鄉、愛故土。

在盂縣人聽來，凡不是盂縣口音者，都叫「侉子」。

二不愣，你媽打你因為甚？光吃好的不待動，不走平道你跳圪洞。

「因為甚」，誰要膽敢說成「因為什麼」，那你就是一個侉子。

鄰縣河北平山人，有來盂縣賣辣椒的，有來收購羊皮的。老鄉們一律叫人家是平山侉子。收購羊皮，吆喝聲兒裏有「羔兒羊皮」這樣話語。大家把「羔兒」也理解成了動詞，彷彿「收購」的意思。

羔兒羊皮的來啦！問問價錢，看人家咋「羔兒」哩！

盂縣家民諺所說「四大難聽」，包括這種吆喝聲。

狼嚎、鏟鍋、刮玻璃，

平山侉子羔兒羊皮。

沒有腿的腿

在外地人聽來，盂縣話何嘗不侉，山西方言何嘗不侉。

即便在北方語系裏，山西話都被割劃在外，列為晉方言。

晉方言特徵多多。最大特徵是極富入聲。從一到十，十個數字，入聲就有五個。

平常大家口語多說入聲。孩子們上學讀書，要說標準普通話，要學中文拼音，事情就有些複雜。老師教學，須得格外翻譯一回，娃娃們才能明白。

北方流傳一句口語，表示疑問或者表示堅信，「不相信這個牛爬樹」。山西人則說，「不信羊不吃麥子，雞不吃蠍子」。

麥子，蠍子，讀入聲，押韻。麥，讀如滅（m-ie）。

老師教生字，只能這麼教：

麥，**m-aimai**；割滅子的滅（m-ie）。

拍，**p-aipai**；撇皮球的撇（p-ie）。

否則，大家不懂。

我們老師，盂縣本地人。他哪裡會說什麼普通話？勉強那麼胡亂教大家。

爪子的爪，鷹爪雞爪，方言讀zhao。當然兩種讀音都可以的，看用在什麼場合。我們老師教拼音，這樣領讀：

zh-wa——zhao！

zh-wa——zhao！

搞的大家一頭霧水，暈頭轉向。

有一次，中心小學有人來聽課，我們老師好生認真，積極表現。那天的生字裏，有一個「腿」字。老師讀音教對了：

t-ui腿，t-ui腿！

他領讀，大家跟了齊讀。孩子們聲音整齊，而且洪亮。

生字，不是還要講解字義嗎？老師要給我們講解演示，化抽象為具體。他舉著教鞭走下講臺，看樣子要指了一個同學的腿或者一條桌腿來演示。可能是為了突出效果、舉出特例，加深印象吧，他的教鞭就指向一張破課桌。破課桌，三條腿。缺腿的那個地方，磚頭壘了墊著，分明沒有桌腿的。

我們老師，滿面嚴肅，進入教學狀態，一邊領讀中，教鞭直指磚頭垛子，這樣來特別強調：

t-ui腿，沒有腿的腿！t-ui腿，沒有腿的腿！

沒有腿的腿，是一條什麼腿？本來要化抽象為具體，這樣一來，具體反而化作抽象。反正我們是更加糊塗莫名其妙丈二和尚雲山霧罩。

透明飛機路

小學教師，老百姓尊稱先生。是鄉下稀缺的文化人，往往成為許多新名詞的解釋者。

有人上太原，回來敘述電燈神奇。牆上摁一下，燈就亮了。明晃晃的，那麼大一個火頭，偏偏吸不著旱煙！見了的人尚且神奇，聽了的人就更加覺得神奇。

請教老師。老師其實也沒見過電燈。不肯跌份子，不懂裝懂。解釋道：電燈嘛，就是燈盞裏不放煤油，放著電嘛！

還有飛機，那麼大的鐵傢伙，如何懸在天上？

老師便又按自己的理解來宣傳。說是天上鋪了飛機路。大家仰頭去看藍天，什麼都看不見呀？老師接著發揮說：飛機路，是透明的呀！

直到當今，村裏我的同齡夥伴依然堅信天上有透明飛機路。人們看不見，凡胎肉眼，當然看不見。

蛇二子　雞建明

小學老師，為人師表，行為端正。但村裏的老師，有時也頗促狹。

新生入學，老師要問問年齡屬相，算是入學考試。

我村有兩個孩子，二子屬相蛇、姓氏于；建明屬相雞，姓氏張。孩子們緊張，記成了「屬相于、姓氏蛇」、「屬相張，姓氏雞」。——這才有「蛇二子、雞建明」的怪異名字。

老師挖苦孩子，第一堂課點名，就「蛇二子、雞建明」那麼喊叫。結果，蛇二子和雞建明成了綽號，兩位都快五十啦，綽號影子似的跟定。孫子都讀小學了，互相罵架，正方綽號依然是反方的首選武器。

屬相不合

中國古來以干支紀年。天干而地支。

有個字謎，謎面這樣：都是排行第六，相差天高地厚。天干第六是己，地支第六是巳。

十二地支，配以十二種動物，成了國人所謂屬相。

生於何年何月何日何時，用干支來表示，便是所謂八字。

一個生命，來到世間的時辰，生命之發端，當然是有意義的。但決不會有算命先生說的那樣玄乎的意義。

五行八卦，相生相剋，或者有著樸素的唯物論在內。比如，水克火，火克金，本來就是那樣。水生木，木生火，道理亦然。

至於屬相不合相克，已經步入迷信胡說。村夫愚婦，聽信鬼話，多有因此干涉兒女婚姻者。

屬相不合，排列也很簡單。十二屬相，一二與七八為一組；三四五六為一組；九到十二為一組。兩兩相互交錯，便是六種屬相不合的對子。

第一組，鼠羊不到頭，白馬怕青牛。

第二組，虎蛇如刀割，龍兔淚交流。

第三組，雞狗不相能，豬猴似寇仇。
有什麼道理？沒有道理。再要追問，你就是冥頑不靈。
不相信氣功拔牙，那是你沒有慧根，缺少悟性。
所謂迷信，因迷而信。

姜子牙算卦

中國道教，奉老子為始祖，以《老子》、《莊子》為經典。但在老百姓的心目中，道士給人的印象多半離開老莊之大道，落入了擒妖捉邪、驅狐避鬼、符咒魔魘的下乘小道。

道教初創，在東漢末年。東川張道陵創「五斗米道」為其發軔。後來張大其詞，把姜子牙、張良、諸葛亮等等前朝歷史人物都納入道教名人序列。

《封神演義》中，姜子牙學藝歸來，曾經擺攤算卦。他算准一個賣柴的漢子，「由此往東走，遇見一老叟；柴錢一百二，外加四個饃饃兩碗酒」。幫助武王推翻紂王的高級謀臣，演義中說他算卦神奇，與其說是高抬、莫如說是貶低了偉人。

《三國演義》中，諸葛亮也通陰陽而善卦術。著名的諸葛妝神一段情節，裝神弄鬼、大動干戈，不過在隴上搶奪了魏國一點小麥。哪裡是一代名相的作為！

張存喜

一個民間段子，專說算卦的神奇故事。比較長，多是無稽之談。做為故事，結尾部分還算精彩。

一位書生返鄉途中，遇到異人相助。指點他前程應該注意事項說：

叫你喝，你不要喝，
叫你洗，也不要洗；
有話告給張存喜，
一斗穀碾了三升米。

書生趕路，路過一家茶館，果然沒有喝茶；路過一家客棧，也沒有洗漱。這些店鋪，原來都是賊店，水裏下了蒙汗藥。

書生趕回老家，如同異人預見，果然遇到大難，被縣衙鎖上大堂，說他犯了殺人之罪。書生喊冤，並且將異人話語講給縣太爺。

縣太爺原來竟是名叫「張存喜」。這個張存喜也還有腦子，根據最後一句真言判斷，嫌疑人應該是「康七」與「米三」。

抓來訊問，果然。

兩口偏勾掛

欲知朝中事，山裏問野人。

民間、鄉野，藏龍臥虎。

好多民間故事講這個。

兩個書生，認得幾個字，不知天高地厚。自覺風流倜儻，說話酸文假醋。趕考住店，自報姓氏曰：走肖十八子。

面對淺薄之徒，開店老婦笑笑，原來趙李二位相公，失敬了。

兩個傢伙問老婦姓氏，老婦也考爾等一考：老身的姓嘛，兩口偏勾掛。

兩個書生當下就傻了眼。

字謎其實也尋常。老婦不過是姓巴。這樣字謎都猜不出，不去趕考也罷。

老婦年齡

另一個版本，也是討厭書生賣弄。老婦說飯錢店錢，正好是老身年齡。到底多少呢，唸了一道算術加法題：

一二三，三二一，
一二三四五六七；
七加八，八加七，
九、十加十一。

正好一百。宜於一年級學生來計算。當下書生卻張口結舌，一下子算不來。

有心寫串　必有禍患

打卦算命，分門別類。有測八字、看面相手相、金錢六爻、掣簽、揣骨等等，還有測字。江湖上這家門派稱作「江相學派」，師父親傳種種訣竅。訣竅中最關鍵的是兩句。一句「十敲九響」；一句「十隆十成」。

看相，測字，顧客與算命先生都有交流；交流中有資訊透露。算命的分析歸納，吃准一點，會突然出語驚人。這就叫「敲」。

隆呢，就是捧。甜言蜜語，巴結逢迎，沒有一個顧客不上當的。

一個段子，說趕考舉子測字，卜問吉凶。一個舉子，隨便寫了一個串字。測字先生當即起立，施禮祝賀：無心寫串，公子必定要連中呀！

另一個考生聽說了，也來測字，也寫了一個串字。先生神色大變，說書生不是自己便是家人，必有災殃：有心寫串，定有禍患！

打醋測字

另一個段子講，一個婦人上街打醋，看見測字攤兒，心中一動，湊過來想測算一下。算什麼呢？原來男人外出，有些日月，不知近日可會歸來？

先生請婦人寫一個字上來；婦人卻不會寫字。那麼隨便說一個字也行。婦人不是要打醋嘛，就說了個醋字。

先生笑笑道：不用算啦，就是今天！

何以見得呢？

你寫得明白，醋者，酉昔也。昔，二十一日，豈不就是今天！

什麼時候呢？先生看看日頭天光，說，當在酉時，也就是晚飯時分了。

婦人想念丈夫，心說算上一算，不料丈夫今天便要歸來。不禁有些高興，高興吶不便外露，就帶些羞澀忸怩。忸怩間身子靠了門框。

先生突然說，不好！你男人回來，卻是要休你！人木相靠，乃是一個休字。

說是丈夫要回來，回來嘛好端端就要休妻，婦人便不禁傷心滴淚了。覺得失態，急忙掏出絹子來擦抹臉腮。

測字先生即刻趕那婦人離開，也不要卦禮了。

旁觀者便詢問道，先生怎麼要趕那婦人離開呢？

先生說，口下懸巾，分明一個吊字，那女人要尋短見的呀！

卻說婦人回到家來，心神不寧、惴惴不安。將信將疑的，晚飯就多做了一份。還在桌上預先擺置了兩副餐具。

到酉時夜飯一刻，男人果然歸來。男人歸來，卻起了疑心。桌上怎麼會有兩副餐具？莫不是自己多日離家，這婆娘有了什麼外遇苟且？

這男人有些城府。起了疑心，也不說破。面不改色寫了一個紙條，說有急事，要婦人趕緊拿給娘家人。

婦人依言行事，當即回娘家交待紙條。娘家一看，竟然是一紙休書。聲稱自願休妻、永不往來云云。男權社會，婦女頭上有所謂「七出之條」。犯了其中任何一條，丈夫可以休妻。而婦女被休，那不僅本人、包括家族，都是極丟人的事情。當下，母親嘮叨、父親責罵，兄嫂埋怨、弟妹恥笑。婦人無端被丈夫休了回來，氣苦已極，家人又是這般待遇，一時想不開，當下果然就懸樑自盡。當娘的救下來，當爹的竟然說，敗壞家門的東西，死了也好！

不亦樂乎當中，婦人舅舅不期而至。舅爺聽說出了這等事，卻是有些計較。律法固然有七出之條，咱閨女如果沒有過錯，男方便屬無故休妻。無故休妻，也是觸犯條律的！幾乎出了人命，何不告到縣衙？

縣太爺接了案子，當即開審。訊問其中緣由，扯出打醋測字一節。下了火簽，捉拿測字先生來追究責任。賣弄小巧，信口開河，幾乎釀成人命，你可知罪？

測字先生一張江湖嘴，連連分辯。小人測字為業，不敢胡說欺人。測得什麼，句句實說，並非信口開河。小人所測，一一應驗的呀！

縣太爺追問：你測得這婦人上吊自盡，卻如何得救？

測字先生叩頭道：這婦人最後得救，是來了救星。舅舅，正是來救她的呀！

二月相靠

一個字謎，謎面如下。

二月並相靠，
非昌又非冒；
若當朋字猜，
算你無材料。

謎底是膩字。二之大寫貳也。

和私勾句

一個生員，考試具名的時候將那個生員之員寫成了異體字。上面不是口字，而是厶字。學官相當嚴格，認為不妥，不宜。生員還要強辯，說是可以通用。學官惱怒，舉例駁斥：

和私勾句、吉去呂台，如何通用？再要不改，革去你的秀才！

喜

字謎，喜字。謎面話語有些曖昧。

十一的姑娘生得好，
下邊的口兒長得小；
二十歲上出了嫁，
下邊的口兒才長大。

我五六歲吧，父親給我唸叨這個字謎，遭到母親批評。

第三輯

捉放曹

地方戲，也演《捉放曹》這樣三國大戲。

曹操誅殺呂伯奢一家，為作者刻意貶低曹操而設置的情節。

呂伯奢去為客人沽酒，家中下人磨刀準備殺豬。曹操多疑，將呂家老少盡數殺死。

地方戲裏，更有發揮。準備殺豬的人，在後面說那豬：洗不淨。方言不乾淨曰「潮」，而且不是捲舌音，分明就是指曹操。後面又說：提不起。豬兒肥重，方言曰沉，是指陳宮。

因諧音而誤解，地方戲發揮應稱增色。

那麼好哉

江蘇朋友，早年給我講過一個關於男方水鄉特色的方言小段。

艄公划船過橋洞，害怕船體撞上橋墩，口中先是一直連呼：勿好哉，勿好哉！

到船體終於撞上去，艄公這時放心了，改口道：那麼好哉！

說的只是划船使舟中的現象，描摹人們遇事前後心理，相當準確。

捉迷藏，最害怕的時候是躲在暗處快要被發現的一刻；被捉住了，走到陽光下，不過如此而已，那麼好哉！

肚皮樹皮

一個實在漢子，擔了劈柴到妓院來賣。

妓院這樣地方，哪裡捨得花用現錢。隨便著一個姑娘胡亂伺候漢子一回，抵了柴錢罷了。

漢子老實而姑娘狡黠，姑娘捏起肚皮做一個外陰形狀，就哄得漢子射精完畢。

一擔柴，嫖了婊子一回，也值了。漢子提了扁擔離去。

姑娘糊弄老實人一回，正要給姐妹們顯賣花招，看見好大兩捆柴，皆是硬木好柴，心下就未免歉疚。追出來呼喊漢子：

賣柴的，剛剛那是肚皮！

漢子遠遠聽見了，心想：明明一捆好柴，怎麼說是「樹皮」？也不爭辯，兀自離去。

五畝遠

一個後生，騎著毛驢去串親戚。路徑不太的確，見一位老農在路邊地裏營生，直杠杠就問：

喂！往那某某村，是走這兒嗎？

老農抬眼看看，說道：夜來我家草驢，下了一個小牛犢！

後生覺得怪異，你家的毛驢稀奇，怎麼下了個牛呢？

老農冷笑道，哈！它就是不肯下驢嘛！

後生也還機警，聽出來了。下驢來問話。

老農告訴了，某某村正是走這條道。

那麼，還有幾里遠呢？

老農說，還有五畝。

後生又覺得怪異，你們這兒，說遠近是論畝、不論里呀？

老農回答：論理？論理，你該稱呼我一句大伯吶！

助人日驢

黃土高原，溝壑縱橫。稍微平廣一點的土地，稱作原。村莊呢，負山抱水，多隱藏在溝壑之間。更不消說，過去住宅還有一種地窯院，完全在地底開挖，院子成了名副其實的天井。

兩個外調人員，出差來山西。漫漫原地，不見村莊。需要問路，四下瞭望，希望看見一個當地老鄉。

遠處果然就看見了人影，於是急忙趕了過去。待距離稍近，外調人員卻收住了腳步。原來，那老鄉正在準備姦污一匹草驢，實在不便靠近去驚動打攪。

驢高人低，不能行事。原上平坦，沒有地塄可以利用；黃土地面，也沒有石頭之類踩踏。老鄉搬動一塊凍土塊子，挪到毛驢身後；然而當他站在土塊之上，那毛驢好生搗蛋，只是不肯配合，將屁股扭到另外方向。老鄉只好下來，重新搬動土塊。

老鄉鍥而不捨，毛驢一再躲避。如此反覆，接近無窮。

日影移動，天色不早。兩位出差外調人員公務在身，再也顧不得禮貌，大步向前，拍拍老鄉肩膀，慨然道：

老鄉，辦不成事，看得人焦急！來吧，我們替你捉住這毛驢吧！

——鄉下人講話粗鄙，筆者曾經聽到兩個老鄉這樣吵架，一位說：

老子就是牲口，毛驢！

另一位回敬：

老子既然操驢，不怕驢踢！

破壞部隊財產罪

我當兵時候，部隊天天大學毛主席語錄，是強調思想工作最厲害的年代。然而食色性也，種種慾望，到底無法徹底泯滅。

老兵們幾乎是公然承認：義務兵，幹三年，見了母豬賽貂禪。

部隊養豬餵馬士兵，姦污牲畜的事件時有發生。

古來中醫，近代西醫，都把獸姦列為一種疾病。在性交自由的社會環境下，那或者就是一種疾病吧。然而在性壓抑的條件下，那只是無從發洩的一種發洩。

姦污騍馬者，甚至有技術革新：將牲口的兩隻前蹄綁起來，牲口害怕跌倒，後腿會自然分開。

而這樣事件一旦曝光，問題就嚴重了。不僅無人理解同情，而是要受到嚴厲處罰。最低也是開除黨籍軍籍，離隊回家。檔案裏還要填寫開除緣由，白紙黑字永遠跟定其人。多數是寫「道德品質敗壞」。有的還要寫上「犯有破壞部隊財產罪」。

四大文明

村子裏，精幹後生，不乏女伴。即便已有家室，良多外遇。窩囊漢子，窮極無賴，成家既已困難，泡破鞋也往往碰壁。這類人物，尋常便有日驢操馬乃至姦豬淫狗之行徑。

老百姓怎麼對待呢？第一不會開除他的農籍，第二也不會給他寫什麼操行評定。大家議論說笑一番完事。說笑中，看見當事人出現，紛紛緘口，改換話題。所謂「打人不打臉，罵人不揭短」是也。

「文明」一詞傳到鄉下，老百姓漸漸學得使用。上述獸姦行為，原來評價寒磣、丟人、沒臉、牲口，如今評價一個不文明。

村裏有四大不文明流傳：

椅子上勾虯，
枕頭上坐；
人群裏放屁，
大街上唱。

盂縣方言，坐與唱兩字，竟然押韻。我們村，金川一類人物，則編撰了「四大文明」，挖苦那些假文明。

二果的洋襪子漏了肉，
結子的金牙上了鏽；
己愛的眼鏡能捅透，
老來頭的背心朝了後。

二果子，是銅川的女人，最是贓亂差。揀別人破鞋破襪子來穿。看似穿了洋襪子，好多孔洞漏著肉。

結子，姐姐叫個開花，希望隨後趕快結籽而得名。為了找對象，妝扮趕時髦，在縣城街攤上鑲了一口金牙。金牙不久就生了鏽。生鏽金牙卻鑲得結實，取不下來。只好那麼滿嘴黑牙。

己愛，是個俏半吊，看見文化人戴眼鏡文明，不知從哪兒鬧來一副眼鏡，出門串親、開會進城，都要戴眼鏡，很文化的樣子。但那只是一個眼鏡架子，沒有鏡片。兩頭可以捅透。

老來頭，弟弟從太原捎回幾件破舊衣服，其中有背心一件。村人過去不穿背心，頂多穿一隻兜肚，胃口這兒擋寒。老來頭拎起背心比劃，挑長的一頭朝前，也好擋寒。前後弄反了。

洪洞大槐樹

元朝年間，天災人禍不斷。異族佔領者，跑馬圈地，殺人如同割草。黃河八次決口，抗元起義三十餘次。元朝滅亡之後，中原群雄並起，相互攻伐，戰亂不休，又有二十多年。到朱元璋建立明朝，大半個中國已是人煙稀少，赤地千里。

山西表裏山河，相對特殊的地理環境，奇蹟般地為中國保存了豐富的人口資源。

明朝於是決定從山西向外移民。從西元一三七〇年到一四一六年，朝庭先後八次在洪洞那株著名的漢代大槐樹下集中三晉人丁，辦理遷移手續。

政令強迫之下，成百萬的山西人，不得不攜兒帶女、背井離鄉。不得不告別古老的家園，告別祖宗的墳塋，告別熟悉的山川。不得不被軍士兵丁的槍刺與刀鋒驅趕了，甚至被捆縛了，艱難地去向遠方。

他們被強迫，包括被欺騙，首先來到洪洞這株大槐樹下集中。然後，有如晴天霹靂，他們被告知，朝庭移民！他們甚至聽不懂當官的所說的「官話」，也從來不知曉要去的那個陌生的地方。大槐樹下，牽衣頓足，一片哭聲。哭聲驚動了大槐樹上老鴰窩裏的禽鳥，烏鴉哀鳴。隨後是大雨滂沱。滂沱大雨和著百姓的淚水，泥濘了腳下的不歸之路……

淚眼模糊，回望裏，只剩下那株古老的大槐樹。

成百萬移民的痛苦悲傷，溢滿山川。他們付出的代價，換取到的是華夏人種在大半個中國的再次繁衍。

僅是北京，如今還保留有霍州營、蒲州營、洪洞營等地名。

移民後裔，早已遍佈全國；有的，播揚海外。

數百年來，移民後裔還記得祖輩傳下來的民謠：

問我故鄉在何處，山西洪洞大槐樹。

大槐樹上有一個老鴰窩，所以有的民謠是這樣的版本：

問我家鄉在那廂，山西洪洞老鴰窩。

洪洞方言，廂讀xio，與窩同韻。

解手與方便

據說，上廁所習慣上稱作「解手」或「方便」，來源於洪洞大移民。為防止大家逃跑，移民長途跋涉之間，一律背綁了雙手，用繩子串聯起來。也許他們需要方便需要解手的時候，押解軍士才給他們一點「方便」，才允許他們「解手」。

急性子跳茅坑

有這麼幾個急性子，各有故事。

一個急性子，掏茅房。茅勺朝茅坑裏那麼一捅，用的力氣大了，「撲通」濺起一滴糞水，濺到了鼻尖上。

急性子有些動氣，啊？好狗日的！敢濺人？茅勺更加用力捅下。糞水就「撲通、撲通」一氣亂濺，濺了急性子滿臉滿身。

越動氣，越用力；越用力，糞水濺得越加厲害。

最後，急性子乾脆跳進茅坑裏，說道：讓你狗日的再濺！

這是你媽的屄

一個老漢，年紀大了，提不住鼻涕涎水了。冬天，鼻涕哈喇子就在鬍子上結了冰。鬍鬚成了一個冰簾子，遮住了嘴巴。

街上孩子們看見了，就笑著呼叫：看，這個老漢沒有嘴！

老漢卻是個急性子，老了，火氣還很大，和娃娃們較真。掀起鬍子冰簾，露出嘴巴來，說道：沒有嘴？這是你媽的屄？

替狗吃屎

一個漢子，老婆不在，自己團弄孩子。孩子拉了巴巴，上大門口呼叫狗來吃屎。

「狗來！叭兒來！」長聲短調吼喊半天，嗓子都冒煙了，狗也不來。

漢子火了，自己回屋，撲到炕上，趴下身子，像狗似的一氣將孩子的巴巴吃掉。吃掉之後，說道：叫爹似的叫你，叫不來；這是個什麼難事？離了你，我娃娃的巴巴就吃不了啦？

大神仙

《聊齋》中錄有那樣一個小段：丈夫從外地回家，買回一隻藤制「偽器」。說白了，就是一隻人工製作的陽物。

丈夫出遠門，女人怎麼辦？妻妾眾多，應付不來怎麼辦？功夫不到火候，女方不滿足怎麼辦？種種怎麼辦，並不能翻開什麼語錄找答案，而只能具體問題具體解決。如《聊齋》所錄，人們可以購置替代品；而且購買方便。

《聊齋》裏的小段講，丈夫買回偽器，沒有給妻子交待；妻子不認識，以為是什麼土特產。家裏來了客人，便將偽器泡軟臠切，做成一份下酒涼盤。客人以及主人，都覺得新鮮可口而不知是什麼美食。事後，丈夫詢問妻子，才知道鬧了笑話。

老輩人講，舊社會能夠買到偽器，但也不是滿街都有、公然叫賣。買那東西要上中藥鋪，要說隱語。來一個「大神仙」，藥鋪立即明白。要多大尺寸、什麼材質，包裹嚴謹遮出，不露痕跡。

雞巴成精

一家，丈夫準備外出很長時間。老婆發愁，你走了，俺們怎麼辦呢？丈夫卻也體貼大度，便將雞巴割了下來，留給老婆使用。

家裏孩子也有十來八歲的幾個，漸漸發現母親珍藏使用一個東西，用過了使絹子包裹起來。覺得神秘。問母親呢，回答說是藏著一隻鳥兒。這天，趁母親不在，孩子們找出那隻鳥兒來看。剛剛打開絹子，一匹貓兒突然衝上，將那玩意兒叼跑了。貓兒究竟叼去什麼東西，也沒看清。

大家闖了禍，急忙設法遮掩。捉一隻麻雀來，小心包進絹子，原處放好。

夜裏，女人要使用那物件，剛剛打開絹子，麻雀「嘟嚕」飛起，滿屋撲打翅膀。黑燈瞎火間，女人吃了一驚，焦急呼叫開來：

大閨女二閨女快點燈，你爹的雞巴成了精！

禿舌閨女

這家，四個閨女，長得也還端正，只是都有一樣毛病：舌頭短。俗稱禿舌，口齒極不清晰。出嫁便遇到一點困難。至少是身價大跌。

一天，有媒人上門，要相看閨女們一番，也好幫忙說親。當媽媽的相當重視，把閨女們打扮起來，警告不許說話，免得出乖露醜。

閨女們坐在炕頭，緘口不言，寶相莊嚴的，看著也還喜人。媒人甚為滿意。不料，牆角突然出現一條多足爬蟲。村裏叫那是「櫛拏」，枝枝叉叉，很是嚇人。

大女兒不由驚呼：看那一個櫛拏！

二女兒趕緊幫腔：快拿笤帚撥拉！

三女兒想起母親警告：媽媽不叫說話！

四女兒年幼可愛，急忙聲稱：俺們沒價！

結果，四位姑娘的禿舌毛病，統統暴露無遺。

曬窩窩、炕餅子

依照婚姻法，白癡弱智是不允許結婚的。

但在鄉下，尤其是貧困山區，光棍多有而女性短缺，白癡也能嫁人。老百姓都巴望傳宗接代，找不來聰明識數的，是個女人，能夠生男養女，找來也是好的。

我村有白癡閨女嫁到外面的，也有外村傻瓜姑娘嫁來村裏的。還有本村不識數的女孩子就在本村做了媳婦的。

一位，男人安排中午做撥攔子。撥攔子是一種麵食，需要上籠蒸熟來吃。男人下地，傻老婆將一籠撥攔子擺在太陽底下，說是要來曬熟了吃。男人按住便打，傻老婆還要爭辯：老天爺曬得咱們那麼熱，它就曬不中個撥攔子？

一位，男人告訴夜飯吃餅子。餅子本來應該在鏊子上來烙，老婆揭開炕席，在土炕上那麼烙餅。男人扯下地來毒打，女人也有說法：咱們睡覺的時候，炕那麼燙人，它就燙不中個餅子？

一位，上頭有婆婆，手把手教她煮飯，但也出過洋相。這個傻女人愛偷吃，烙餅子的時候藏過一塊麵，知道生麵吃不得，想辦法來烙熟它。什麼辦法呢？將生麵餅子拍在肚皮上，衣襟掩蓋了，在灶火臺子一邊靠緊了，希冀將餅子燙熟。男人發現了，從肚皮上扒下生麵來。這女人看看生麵餅子，到底想不通：火爐台那麼烤人，它咋就烤不中個餅子？

諸如此類故事，不勝枚舉。

這樣女子果然也能生男養女，傳宗接代；問題在於，傻瓜生出的往往是白癡。不知別處情景，不好妄言；而我們紅崖底是不識數的女人代代無窮。生而養之，養而生之，正不知伊於胡底。

三女婿

民間笑話，講三個女婿故事的很多。模式吶，都是說那個三女婿沒有文化，結果勝過了有文化的連襟。

有一家，大女婿是舉人，二女婿是秀才，三女婿是農民。在丈人家作客，席面上端來一盤肉，兩個文化女婿提議做詩吃肉，意圖看三女婿的笑話。舉人先說：二三四五六，先吃一塊肉。秀才接著道：三四五六七，兩塊一起吃。三女婿一共能數清三根指頭，這時便說：一二三，連盤端！將肉全部吃掉。

類似故事所折射的愛憎傾向是明顯的。

毛澤東說：卑賤者最聰明，高貴者最愚蠢。文化人在毛澤東時代大走背字，大受批判，大倒其黴。農民有農民的智慧，但農民思維至高無上，實在是民族的大悲哀！

岳父買馬

這家，老財。也是三個女婿。前邊兩個女婿都有文化，三女兒看上家裏的長工，財主老伴溺愛小女兒，結果三女婿就是個沒文化的。丈人給些土地，過一個殷實光景。

老財新近買了一匹馬，是一匹好馬。因而大會賓朋，以示慶賀。

岳父高興，女婿們便要捧場。有文化的女婿，提議做詩；或者也有看三女婿笑話的動機，而岳父欣然同意了。來賓也都贊成。

大女婿首先獻藝，吟詩一首曰：

烈火烤鵝毛，
岳父騎馬上定陶；
騎去又騎回，

鵝毛還未焦。

定陶遠在山東，幾百里開外。果然好馬，果然好詩。眾人哄然叫妙。

二女婿不甘示弱，隨後獻詩曰：

水碗擱金針，
岳父騎馬到豐鎮；
騎去又騎回，
金針還未沉。

定陶在山東，已經夠遠；而豐鎮在內蒙，更遠。果然好馬，果然好詩。大家采聲如雷。

往下輪到三女婿。三女婿是農民，卻沒有那樣才學，急得一頭汗。眾人都不免尷尬，兩個女婿面現得色，老丈人面色不悅。這個女婿是丈母娘同意的，丈母娘此刻尤其著急上火，結果急得放了一個屁。不料，三女婿一下子就來了詞兒：

岳母放了個屁，
岳父騎馬到諸暨；

騎去又騎回，
屁門還未閉！

諸暨在浙江，更加遙遠。放屁而屁門未閉，馬的速度更加飛快到不可思議。

屎橛上牆

人們生活中，不可思議的事情太多。斷定世間事情「有」，容易；有一例足矣。而斷定世間什麼事情「無」，難。須得掃空六合，跳出三界外、不在五行中。

一個老漢，到城裏趕集。實在尿急，看見廁所便沖進去撒尿。但這是女廁所，有女人正在解大手。猛地看見一個男人進來，鬍子拉碴的，並且解開褲子就掏傢俱，這女人出於自我保護本能，急忙往起站。

女人自我保護之本能有多麼強呢？站起的速度有多麼快呢？她正在大解，拉出一半的屎橛子竟朝天甩了上去，「啪」地沾在高高的廁所牆上！

鼻涕過額頭

一個人的鼻涕，沒有動手去擤，卻朝天甩了上去，超過額頭。如果不是親眼所見，難以置信。

我到太原三中讀初中第一年，還沒有學習摔跤，但三中有摔跤隊。上早自習到校的時候，常見一位老師在校園空地上教習隊員摔跤。

這天，我正好路過現場，而老師也正好將一名高中同學摔倒。兩人都穿了褡褳，老師使的一個絆子叫做「裏腿勾子」，下邊勾住對手腿部，上邊抓了褡褳朝裏一扯、隨後向外一扔，對手便仰面朝天摔了出去。

那位高中同學，脊背重重著地，胸腔自然在瞬間受到強力擠壓，「吭」地一聲，肺部氣流不由猛烈噴出。正是天寒時節，那人鼻腔裏存了兩筒黏稠鼻涕，此刻便被肺部氣流帶出，發射出來。但那人不是被仰面摔倒的嘛，整個人體都帶了一個向後的加速度，於是，猛地由鼻腔噴出的兩堆黏稠鼻涕，竟朝天甩了上去，越過額頭，「劈啪」聲響中，落在頭頂上方二尺遠的地面。

時隔四十餘年，那怪異情景歷歷如在目前。

眼珠掛腮

文革中，群眾組織分了派別，武鬥嚴重。發展到部隊介入，各自支持一派。發生了群眾到部隊搶奪武器事件，叫做「明搶暗發」。結果，群眾組織使用的武器，往往比部隊現有裝備還要高級。

當時，我所在的38軍駐紮保定，不時與周邊老百姓發生武裝衝突。

一九六九年國慶，38軍有部隊進京參加國慶遊行大典。我所在一一三師偵察連也在進京部隊之列。隊伍夜間出發，直奔北京途中，遭到了地方百姓襲擊。有機關槍朝車隊射擊，一輛卡車的司機被當場擊斃。司機斃命，腳下依然狠踩油門；汽車便高速撞向前邊建築。撞擊的瞬間，車上滿載的士兵被慣性甩了前去。多有當場死亡者。

一名戰士，頭部撞向前邊車廂，猛烈撞擊之下，兩隻眼珠都被壓力與慣性作用而飛出眼眶。眼珠飛出眼眶，卻又被肌體組織牽連了，眼珠就吊在人的腮部面頰，血肉模糊的眼珠，直愣愣地看著，狀況甚為恐怖。

汽車抱樹

自有汽車代步，極大提高人類在大地行走往來速度。但交通事故隨之拌生，每年死於車禍者，數字相當驚人。

山西電視臺成立之初，曾經出過一次車禍。大家乘坐一輛麵包車外出，超車的當兒，對面正有大車開來。麵包車於是被左右兩輛大車擠壓了，高速挫動。據稱，麵包車在空中平面旋轉數周，落到公路側面的田野裏。車廂外殼整個剝落不見，乘客與司機則統統完好無損，各自規規矩矩坐在自己的位置上，面色如土。

在公路上，曾經見過一個車禍現場。大卡車，前面齊頭小轎，為了躲開對面撞車，大卡車開下路基，撞向路邊楊樹。正面相撞當中，小轎的前臉曲凹了，將大楊樹抱在懷裏。司機下意識中，要將車輛開回公路；於是，車子前臉抱了一顆樹，連根拔起，抱到公路中間來。公路正中，突兀生出一顆楊樹，被卡車緊緊抱定紋絲不動。路過者，無不稱奇失笑。

五和尚

我剛剛入伍不久，太原三中一位同時入伍的同學便出了車禍，不幸身亡。

那同學小名五和尚，是我校百米冠軍。我呢，是學校手榴彈冠軍、四百米亞軍，比較相熟的。他分配到師部汽車連，一次乘車外出執行任務。汽車突然方向失靈，歪向旁邊路溝。河北平原上，按說沒有太大危險，同學又坐在小轎內，原可安然無恙。但那同學反應太快，要打開車門逃逸。本能反應，無可厚非。

正巧或曰不巧，當他打開車門準備跳車的瞬間，卡車將將向外傾側翻倒。卡車翻倒，恰恰又被路旁楊樹阻擋了，就那麼側身立在公路邊。同學的下身腿部被甩出門外，頭部胸部依然在駕駛室內，人被車門與地面夾住。車廂裏的戰士們，都被甩到田野裏，卻是無人傷亡。只有同學一人被車門卡定，活活窒息而死。

據稱，該同學被夾住身軀，腿部瘋狂掙扎有數分鐘。

該同學小名五和尚。是老母把妹妹家的老五抱養得來。抱養他的時候，母親五十出頭，此時老母已經七十多了。當時，正是流行毛澤東紀念章年代，部隊安撫老人，給她許多紀念章。老人哭得死去活來，將紀念章隨地亂扔，只是哭叫：

我要我家五和尚！我不要這些撈什子！

小禿子

三中一位姓趙的女同學，她母親與我母親同在一個單位工作，乳名小禿子。

小禿子平常嘰嘰喳喳的，有些假小子勁道。文革中停課鬧革命，最愛和男孩子一同執行任務什麼的。一次，遭遇了車禍，被一輛帶拖車的載重卡車撞倒，拖車上滿載磚頭，從女同學腰部碾壓而過。

相隨出行的同學都嚇傻了。小禿子硬是沒事。車輪若是碾壓了胸腹部，恐怕性命危險；碾壓了腿部，至少要斷腿。車輪正巧從骨盆碾過，小禿子只是受了一點輕傷。

頭如瓜裂

太原的城市交通，正如許多其他城市，及其混亂。

行人隨便橫穿馬路，自行車馬車與汽車爭搶路面，上下班高峰時間，混亂尤甚。

我在工廠上班那時，見過兩起車禍，都是腦瓜當場爆裂。

一次，上班路上。一個後生騎車，扳了電車的車門邊框，飛速而前。電車遇到緊急情況，有一輛卡車從某廠斜刺沖出，電車急轉彎拐向馬路中央。後邊扒著電車的後生就被甩出，腦袋磕上了馬路牙子。該後生的腦瓜當場爆裂，腦漿豆腐腦似的潑出。

一次，下班途中。馬路狹窄，燈光昏暗而車輛擁擠。一個姑娘騎車，被人撞倒，正跌在身旁馬車下。載重馬車的軲轆，當場壓碎了姑娘腦瓜。頭顱爆裂的聲音，有如熟透西瓜被摔碎。

大糞澆頭

太原如今已經取消了農民進城掏糞，改用汽車抽取。

當初，城市裏滿街常見糞桶排列。我的男孩小時，見農民滾動糞桶有趣，曾經用玩具小桶在地下學習模仿。

更有一些農民，自行車帶了兩隻鐵桶，專門掏乾糞。繁華街道上，於是經常有帶了糞桶騎行的農民出沒。

有一回，在著名繁華街區柳巷，一位騎車姑娘與掏糞農民相撞。糞桶傾倒，給那姑娘澆得滿頭滿身，狀況極其骯髒。問題在於那農民還得理不饒人，一直埋怨：

你是怎麼騎車的？辛辛苦苦掏來的大糞，是往地裏上的，是讓你洗澡來的？

半張臉

當年我們偵察連，有一個摩托班。文革中部隊介入運動，摩托班尋常有緊急任務。一次，師部裝甲科長夜間外出，乘坐了三輪掛斗摩托飛奔目的地。公路上有農民推了獨輪車行走，摩托掛斗將農民撞飛，科長的面頰正杵在獨輪車的車把上。結果，科長半張臉被撞掉。

偵察連的營房與師部家屬院緊靠著，平常我們連附帶為家屬院站崗。裝甲科長平易近人，頗得戰士好評。這位科長後來卻是殘廢了，半邊臉縫合得皺皺巴巴，腦子完全失憶。老婆在身邊伺候他，他會詫異：

哪裡一個女人，整天跟著我要幹什麼？

省長打秘書

幹部退休制度未曾健全時代，省裏一位副省長老邁糊塗，依然在職。依然要參加會議，依然要批閱文件。他拄著拐杖都上不來主席臺，要秘書攙扶。而且已經不認識秘書司機，經常用拐杖打秘書。邊打邊罵：

你這個人真是討厭！你他媽的老跟著我幹什麼？

河水炸皮膚

我在新疆服役時，部隊駐紮在伊黎河谷。這兒應該是全疆氣候最好的地區之一。但由於海拔較高，空氣稀薄，早晚溫差極大。正午部隊訓練，陽光強烈，經常有戰士中暑休克。到夜間站崗，哨兵則必須穿皮大衣。

伊黎河從部隊營房旁邊流過，雪水河冰冷徹骨。有戰士正午炎熱，猛地跳進河水沖涼，全身皮膚乍然熱脹冷縮，被炸裂無數口子。

篝火烤餅子

我們部隊駐地，冬天儘管冷，並不怎麼出奇。

聽邊防哨卡的戰士講，他們的冬天才叫難熬。大家要穿鹿皮褲、羔羊皮衣，外面再套上皮大衣。頭部皮帽之外，要戴羊絨披巾。三K黨似的，披巾包裹頭顱，只留出三個孔洞。

冬天野外巡邏，餓了篝火烤餅子來吃。烤得火燙、幾乎能燙起燎泡的餅子，最多吃掉三分之一，剩下的早已凍得鐵硬。

老鼠吃人

新疆大量建設兵團墾荒種田，一定對原有生態造成相當破壞。老鼠田鼠急劇繁殖，幾乎無法治理。部隊與建設兵團消滅老鼠，只好採用兵團作戰規模。在曠野上開挖百十公里長的壕溝，「為淵驅魚」，集體轟趕老鼠。老鼠落入壕溝，數目不止億萬，幾乎能填滿溝渠。然後倒入汽油焚燒消滅之。

戰士們勞累一天，睡覺酣熟，尋常被老鼠咬掉耳朵鼻子。兒童沒有抵禦能力，萬一大人不在旁邊，常有被老鼠吃掉的慘事發生。

鋼化玻璃

我平生遭遇過兩次重大車禍。都是拜託了現代科技之福，得慶生還。

一次，與幾個酒徒喝酒過後，乘一輛小客貨下忻州。司機喝了不多，也有八兩左右。八兩司機開車速度便達到八十邁以來，風馳電掣的。車子開到石嶺關，出了車禍。

上坡，拐彎，路面當央出現一塊臺階條石。司機避讓不及，軲轆壓上了石塊。小小客貨車，當即軲轆顛破跑氣，跑偏栽下路溝。八十邁的速度，正面撞上了路邊的白楊樹。撞擊的力道猛烈而怪異，白楊樹的樹幹下部，樹皮完全剝離飛走，活像一個女人突然沒有了褲子。

當時，我就坐在司機一旁。出於本能，用右手推了前邊工具箱，撞擊的力量，將工具箱蓋子震裂。後邊一排，坐著我當時的妻子伊蕾。撞擊的力道向後傳遞，將伊蕾的手腕撞斷。小客貨的車架完全給擠扁，成了一個三角形。我的腰部就夾在那三角形的銳角尖端。

事後，凡看了我坐的那個部位情形者，無不認定：這兒一位老兄，必然嗚呼哀哉也。

幸虧，車架尺寸略高，擦著我的大腿進來。不然，至少一條腿要骨折。

又幸虧，那車子安裝的玻璃叫做鋼化玻璃。撞擊瞬間，玻璃乍然粉碎，成黃豆大小碎粒。不然，玻璃碴子如同利刃，殺人極其方便。

事後，我有再生之感。腦海中曾經冒出幾句類似偈語的言詞：

似曾相識可是我？
血肉模糊又是誰？
鏗然聲中我已死，
往世今生一輪迴。

粘膠玻璃

經歷另一次車禍，也很僥倖。

父親晚年老有所為，回老家植樹造林。不忍讓老人家乘坐班車奔波，每次我都儘量要設法搞到小車接送。

這一回，司機建議早起，送回老人後可以趕回來不誤工作。天色朦朧，似暗非明；山路盤旋而晨霧迷茫。一個上坡急彎處，前面突然看見一輛大卡車的尾燈。司機急忙外打方向，千鈞一髮中躲開了追尾大禍。

但方向打得過急，車頭撞向高速公路中央的鋼制護欄。一百三十公里的時速，護欄有十米長一段被撞飛。司機撲上方向盤，口鼻破損。我還是坐在司機一側，慣性悠將起來，腦袋撞上了前玻璃。今番若依然還是鋼化玻璃，我定然會飛出車外。幸虧車子安裝了粘膠玻璃，極其堅韌。我從玻璃上反彈回來，竟是毫髮無損。

看那玻璃上，被我的腦袋撞了一個坑凹，如同鋼盔形狀。坑凹四周，有十數條放射線光芒照耀的樣子。父親遇事沈著，搭車返回太原給母親說笑：

咱小子腦袋是硬！撞了玻璃，撞出個國民黨的黨徽來！

處理事故到晚間，我才有空閒讓女人檢查我的腦袋。

青了一點沒有？沒有；

紅了一點沒有？沒有。

掉了一根頭髮沒有？沒有！

幸甚至哉，我幾乎要歌以詠志了。

倒栽磚窯

平生有性命危險的經歷，大約將近二十次。除了兩次車禍，還有兩次危險記憶猶新。

一次，曾經倒栽進一座三丈深的磚窯。

剛到新疆，連隊設備不全。上級發下了鋪板，卻沒有支撐材料。全連集體上一座廢棄磚窯去背磚頭，回來支架鋪板。

圓形磚窯，外面看去有一丈多高。頂部圓圈，有二尺來寬，上面擺放一些磚頭。我們是偵察連，平時練習攀登，丈把高的建築，好多戰士可以飛身躍上。到上面一看，磚窯裏面有三丈來深，交叉來回有一些架板，大概是燒好磚頭之後，人們出窯踩踏的。

我班一名新兵，是個胖墩兒。師首長到我連講話指示，曾經突然發笑，指著這個新兵說：看那個孩子，胖得都找不著眼睛啦！胖得找不著眼睛的新兵，也要上磚窯，死活攀爬不上。我就放下預備背磚頭的背包帶去吊他。他的體重，比我還要大些。我在磚窯頂部，幾乎後仰了，才能扯得動他。誰知，當我死命扯他上來的中途，那混帳胖子竟突然鬆手，於是我就仰面給閃下了磚窯。

當時，我唯一可以做到的，就是在空中急速來了一個轉體。剛剛朝後跌下，此刻變成了胸部朝下。磚窯裏不是交叉斜搭了木板嘛，我從空中跌落，胸部砸在一尺寬、足足二寸厚的木板上，將木板攔腰砸斷，然後臉朝下重重摔爬在磚窯底部。自由落體，一切都發生在不到一秒的時間內。

當時我是否受了猛然驚嚇，臉色發白？誰也看不出。因為我平爬落地，滿臉都是紅的磚灰、黑的炭面、黃的塵土，整個成了一位唱花臉的。當眾出了如此洋相，我急忙跳起。不敢露出任何疼痛表情，急忙參加背磚去了。

到晚上，要熄燈睡覺了，我才偷偷檢查一下胸部那裏，從左胸到右腹，一尺寬那麼一條皮肉，完全青紫。那都是拜受磚窯裏的木板所賜。

想來僥倖。要不是木板中間攔截一下，要不是木板正好攔截在我的中段重心所在，我必將摔得更重。能否立即跳起背磚，難說。

襠騎鐵墩

一九八六年，我第二次獲全國短篇小說獎。

《中國文學》將該小說翻譯成英文與法文。同期翻譯作品，還有我省另外兩位作家鄭義和李銳的近作。

《中國作家》編輯部的幾位朋友為此特來太原與我們見面。「有朋自遠方來」，當然要喝酒。而我手頭正存有老白汾酒若干，此時不拿將出來，豈能算是「不亦樂乎」？朋友們先行上飯店，我回家拿了老酒蹬車隨後而來。

去飯店經過的五一路，突然全線停電。便是十字路口紅綠燈也全部熄滅。急著與朋友會面喝酒，我的車速很高。突然，車子撞了什麼東西，猛不丁連人帶車一個筋斗翻了出去。

在一些十字路口，設置有馬路隔離墩。二尺多高，鑄鐵材質，寶塔形狀。原來我撞上了這些鐵傢伙。當我知道撞上什麼東西的時候，我正騎坐在一隻鐵墩子上面。背包裏帶著的老酒全部摔碎瓶子，酒水淋漓，滿背包只剩下許多碎玻璃。

車子好歹還能騎，忍著襠部劇痛，我匆匆趕到飯店。櫃檯上另外買了白酒，向朋友說明情況表示了歉意。酒過三巡之後，儘管我咬牙忍者劇痛，汗水早已濕透了內衣。

於是，我離席起身，上衛生間來觀察傷勢。解開褲子一看，襠底物件青紫腫大，全然變成了一隻紫茄子。試著小便，也還通暢；細看排泄水流，未見血跡。於是，回到席間，繼續盡地主之誼。

——回想那個筋斗翻得也是巧妙。如果那個筋斗翻得不巧，頭顱撞上鐵墩，後果如何？胸部、腿部撞上鐵墩，恐怕也要有骨折之類吧。所謂巧妙，我恰恰是襠底物件騎上了寶塔型的鐵墩。而事實證明，那物件真夠結實。與鐵疙瘩較量一回，只是變成了青紫顏色。青紫而已。

錯車定律

在什麼小報上看到過所謂電梯定律：當你在底層的時候，電梯多半在上面；而當你要從上面下去，電梯偏偏會在下面。

當然，這是一個概率問題。

根據生活中的發現，我們可以戲擬若干定律出來。

缺錢定律：當你缺錢的時候，需要用錢的地方往往最多。

感冒定律：感冒吃藥，七天痊癒；不吃藥，一禮拜康復。

錯車定律：當你在路上錯車的時候，道路往往最窄，或者旁邊總要還有其他複雜情形。

尋物定律：當你急需某件物品的時候，某件物品往往最難尋找，乃至找不到。

開鎖定律：開鎖或者解扣，困難程度與你的焦急程度成正比。

舞伴定律：帶有舞伴的男士，在舞會上更容易邀請到其他舞伴。

破襖定律：扔掉一件破襖，當很快有人揀起穿走，你會突然有些捨不得扔掉。

調皮定律：聽話孩子偶爾搗蛋，你會覺得他很調皮；調皮孩子偶爾順從，你會覺得他很聽話。

醜人多作怪

盂縣家有句俗話：醜人多作怪，糠窩窩難包菜。糠面粗糲，沒有黏性，相當難吃，也相當難製作。因為難吃，人們會覺得它更難伺弄。東施效顰，人們很討厭。醜人也許是正當需求、正常反應，大家會覺得他們是在作怪。

四個腦袋

我們部隊，38軍一一三師衛生科，文革中被命名為「全心全意為人民服務的先進衛生科」。起因是貧農女社員張秋菊肚裏長了大瘤子，其他醫院不敢割取；我師衛生科冒險一試，竟得成功。

那個瘤子也是嚇人，重達一百多斤。我連戰士前去獻血，都看到了那個怪異玩意兒。當時就隨便放在連隊盛菜的大鋁盆裏，後來才寶貝似的用防腐液泡製了供人參觀。

衛生褲一獲榮譽，名聲大噪。遠近病人，凡生了怪異瘤子的，都來醫治。包括林彪的一個侄兒，惡性腫瘤，也來這兒住院手術。衛生科哪裡有許多高級器械和著名醫生，後來許多手術都是北京大醫院的醫生來主刀。

怪異瘤子都來醫治，我們連隊門口通向師部的路上，慕名而來者絡繹不絕。單是我站崗中就看見過幾種怪異瘤子。

一種，是口吻部位生了瘤子。瘤子從眼睛以下生出，牛頭馬面一般，一尺多長。鼻子嘴巴都被瘤子遮蔽，瘤子的前端，將人的牙床牙齒都頂了前去，紅紅的肉瘤上面，牙齒散落排列，白厲厲的，十分恐怖。患者是個婦女，男人小車上推了經過，那婦女懷中竟然還抱著一個吃奶孩子。那女人如何吃飯進食？後來手術結果怎樣？不得而知。

一種，是頭部兩側與後腦生了瘤子。瘤子大小與人的頭顱彷彿，患者好像脖頸上面同時生出四個腦袋。比小人書上哪吒造型還要多出一顆頭。患者年齡不大，十五六的樣子。父親用木板車推了經過。也不知這位後來情形。

毛孩

報紙報導，「貧農女社員張秋菊」云云，讓人費解。地主婆生了瘤子，就是要造反變天嗎？醫院就拒絕治療嗎？我師衛生科就會變成反動衛生科了嗎？

極左思潮、文革語言，曾經風行多年，猖獗橫行。

直到文革結束，堂堂《人民日報》報導一則消息，依然不說人話。說是江蘇一位「貧農女社員生了一個毛孩」云云。彷彿地主婆不配有這樣光榮似的。

人熊

神農架野人傳說，引發多次科考活動。

即便在我們家鄉，也有關於「人熊」的種種傳說。也許，與人類進化同步，曾經有某種巨猿進化了接近人形、更為高大的類人動物。

傳說，人熊形體高大，力氣驚人。見了人類高興，抓住人的胳膊不放。獵人進山，要戴鐵制袖套云云。

人熊會抓了女人去當妻子。居住的山洞門口要用巨石封堵，防止女人逃跑。而女人生育孩子之後，那小孩三歲左右即可搬動巨石，與母親一塊逃跑。人熊追趕不及，會氣死云云。

首長掃院

林彪的侄兒來我們部隊手術的時候，毛澤東的女兒曾經前來探視。是負責主持《解放軍報》的那位，當時是部隊相當級別的首長。

首長個頭不高，穿一件沒有軍銜的舊軍大衣，模樣很樸素。早上，還要奪了戰士手中掃把，親自掃院。

首長掃院的時節，身邊有三四個保鏢。個頭都在一米九，手掌插在褲兜裏，緊握手槍，如臨大敵。首長掃院，就顯得極其隆重。

元帥看電影

報紙上曾經報導彭德懷元帥看電影故事。

元帥看電影，見整個電影院空蕩蕩，沒有一位觀眾，很不高興。表示要和群眾一塊看電影，不能脫離群眾。他也知道這是保衛制度的必須，但元帥說：哪有共產黨的幹部害怕老百姓的道理？

有關部門沒法，只好按照元帥吩咐來安排。元帥二次進影院，看見客滿，相當高興。殊不知來看電影扮演群眾的千百人員，都要進行政審，宣誓效忠，進場還要搜身什麼的。

體制病，屬於結構性問題。個別人的自律，只是自律而已。

性交唸語錄

文革中，對毛澤東個人崇拜達到巔峰。幾乎放屁都要先搞效忠儀式，「首先讓我們共同敬祝偉大領袖偉大導師偉大統帥偉大舵手毛主席，萬壽無疆、萬壽無疆、萬壽無疆！然後讓我們共同敬祝偉大領袖最最親密的戰友我們的副統帥林彪副主席，身體健康、身體健康、永遠健康！」

集體狂熱，愚民權術，空前絕後。

一學習《愚公移山》，農民都知道，隊裏的糞堆又大了。

有一對知識份子夫妻，下放農村。到夜間夫妻不免要辦事過性生活，農民就來聽房。想聽聽城裏文化人是怎樣性交做愛的。

這兩位，文革恐怖之下，凡事不敢造次。性交之前，首先搞了效忠儀式，敬祝如儀。然後才敢開始日弄。雞巴日進去，一邊大動，一邊唸誦語錄，是著名「老三段」之一：下定決心，不怕犧牲，排除萬難，去爭取勝利！

做夢反革命

共產黨喜好運動。運動之來，排山倒海。人人驚恐，個個戰慄。要互相監督揭發，爭當告密特務；要徹底交代隱秘思維，號稱自我解剖。

一個老實人，實在無可交代，顯得落後。只好絞盡腦汁回憶，說自己做了一個夢；夢裏對支部書記不滿，罵了兩句。

支部書記代表黨；罵支部書記就是罵黨。夢裏罵黨，分明就是內心反黨。

結果，該老實人被打成反革命。判刑坐牢去也。

屁擊廁所底

文革初期，橫掃所謂牛鬼蛇神。城裏開始大量遣返各種階級敵人到農村去。這些共和國的賤民，如同法西斯統治下的猶太人，都戴了侮辱性的標識，被剃了花花頭，強行押送回鄉。

當時，記得是太原鼓樓街一位居委會大娘，到我校來求助，要我們協同遣返一個壞分子。那個所謂壞分子，是個年輕人，修鎖子配鑰匙的個體勞動者。不知怎樣得罪了居委會老太婆，要被遣返老家。

我和班上另一名同學負責幫助押送，目的地不遠，送到榆次收容所算完成任務。太原到榆次，不過三十公里。卻要連夜押送，辦票候車的，整整折騰了一夜。結果，我由於受寒鬧開了肚子。

肚子裏食物發酵，肚皮鼓脹如同大鼓。忍耐一夜，終於找到一個廁所，開始排泄。肚子鼓脹到什麼程度呢？蹲下解手的一瞬，排出的氣體也就是屁，響聲好似放炮，簡直是聲震屋瓦。那間廁所，茅坑有一丈多深，屁氣衝擊而下，在廁所尿液水面激起水柱，如同飛機投彈一般。

平生放屁無數，以此屁最為轟轟烈烈。

甜瓜籽傷人

有一次，吃甜瓜，差點出了人命。

那時還在村裏，賣甜瓜的來了，孩子們眼饞，跟了甜瓜擔子看，越看越眼饞。賣甜瓜的有些同情了，將一個沒人要的甜瓜給了我。那個甜瓜，不熟，青瓜蛋子。而且好多天賣不出，早已發蔫。好甜瓜，應該是一磕就開。這只青瓜，膠皮疙瘩一般，怎麼也磕不開。

著急吃瓜，也不懂得找個刀子，就在膝蓋頭上用拳頭死命擂擊。一拳狠命砸下，甜瓜終於開了針尖大那麼一個窟窿。擂擊的力道作用之下，從那小窟窿內蹦出了甜瓜籽來。蹦出幾個瓜籽？不多，就一個。這一個甜瓜籽，帶了極高速度，小型子彈似的，擊中了我的眉心。眉心那兒當即血流如注。

假如那瓜籽擊中眼睛，後果不堪設想。

甜瓜到底敲開，卻是比黃瓜還要寡淡無味。吃瓜負傷，就更加覺得不值當。

門牙事件

人類緣何要換牙？進化論無法做出令人滿意的解釋。

理論闡述，包括經驗證明，人類換牙只換一次。當我們換牙過後，生出恒牙，恒牙將永遠不能再生。

但我個人的經驗卻竟然有著全然相反的例子。

一次，我有七八歲，下門牙曾經再生。舅舅給我做了一個玩具手槍，我用一綹線拴了一個穗子。穗子的尾部不是要剪開嘛，找不到剪子，我就用下門牙來用力扯拽，希圖扯斷線綹。結果是兩隻下門牙齊根斷掉。

一次，我足有十歲，上門牙再生。在老家，和一名同學賽跑，看誰最先跑到大楊樹那裏。我取得了勝利，而代價極其慘重。我撲向楊樹的瞬間，計畫用雙手托住樹幹的；但由於慣性力量太大，我的嘴巴就結結實實撞上了大楊樹。上門牙兩顆，頓時齊根斷掉。

而千真萬確的事實是，後來我的門牙都再次生長出來，至今健在。事理有不可常情解釋者。

四乳女人

父親在搬運公司有個同事張懷玉，曾經在傅作義部下當過騎兵連長。與父親是好朋友，講述她妻子怪異生理特徵甚悉。

一項，他老婆有四隻乳房。正常雙乳之外，靠近腋下部位還有兩個對稱乳房，略小一些。一項，他老婆腳上指甲奇特。兩隻腳上的大拇指，指甲形狀如同牛角。滾圓而堅硬。由於鞋子阻擋，那牛角狀的指甲便螺旋盤繞，長到小拇指那裏為止。

因為硌腳難受，多次設法處置。在洗澡塘請修腳師傅切割，塗抹了腐蝕藥水，使用特製精鋼刀具，割下一個指甲，需要四五個鐘點，嘣壞刀具無數。

當年在包頭隊伍上，還曾經到日本人開的醫院處理過。醫院實施了全身麻醉，動用了各種手術刀，沒有效果。最後，搞來一種巨型剪刀，在胳肢窩那兒夾住刀柄，兩人用力，好不容易才將指甲弄斷。而麻醉時間過長，醒來後永遠失去了嗅覺。

問題在於，指甲取掉之後，不過一月功夫，會再次長出，一如往常。直到老張講述此事時節，妻子過了更年期，頑固的牛角指甲才突然自行脫落，再未生長。

張懷玉雖然是和平解放戰士，按政策應該象對待解放軍退伍幹部一樣待遇。然而在搬運公司，他始終按照舊軍人被當成階級敵人對待。六二年壓縮城市人口，文革中遣返牛鬼蛇神，他妻子都在驅趕之列。兩夫妻相濡以沫，情感篤深。老張講述妻子種種怪異生理，不乏自豪，不乏「拿出最好最愛來招待朋友」的意思。

囊膪

高中時代，全國大學解放軍。學校班級不叫班級，改稱民兵排。當時我是班長，突然就變成了排長。

暑假，民兵幹部接受軍事訓練，有游泳、射擊等等科目。在游泳池邊，與同學打鬧，曾經抓住過一把囊膪。至今覺得有趣好笑。

一位同學，比我低一個年級，也是民兵排長，一塊參加軍訓。游泳池邊，打鬧起來。他在前面跑，我在後面追。大家都是只穿游泳褲，渾身赤條條。追趕之中，因為要抓他，我便朝他背部死命抓去。脊背光光，如何能夠將人抓住？當時卻是未曾細想。當我觸及其人背部，五指發力，竟然把他牢牢抓住了。

如果他是個胖子，皮膚肥厚飽綻，如何能夠抓得住？如果他是個瘦子，皮膚或者鬆弛，但我一定會觸及其人骨頭脊柱肋條一類。不料，他的皮肉，足夠肥厚又足夠鬆弛，我死命一抓，手掌滿把填滿，竟然沒有碰到任何骨頭。而他正在奔逃之中，被我一把抓住皮肉，他的背部皮膚就給拉扯了一尺多長。其人再也逃不掉，我們雙雙在泳池邊站定。

我覺得手感怪異，不禁樂了；而他或者也覺得奇特吧，回過頭來嫣然一笑。

他的皮肉給人手感，覺得正是人們所說的「囊膪」。

生有那樣囊膪的同學，曾經被我那樣一抓，我卻忘記了他的姓名。

四道巷妓院

父親晚年，肺部纖維化，呼吸困難，兩番搶救。第二次將老爺子從死亡線上搶救回來，我抓緊和老人談論一些「尖端話題」。

比如，他年輕時代來太原幹腳行，腳行裏都是精兵後生，生理需求絕對旺盛。那麼，大家是如何解決問題的？假如是逛妓院，費用多大，與日常收入是怎樣一個比例？

話說是「多年父子如兄弟」，我和父親本來有點無話不談；說起當年，父親情緒高漲，對我更加知無不言。

建國前，太原有公開營業的妓院。妓院集中在著名的四道巷。妓院按等級劃分，標定價格，公買公賣。但偌大太原，沒有一等妓院，最高級別二等。父親當時在腳行當大工頭，免不了招待朋友喝酒吃飯；吃飯喝酒過後，或招待朋友看戲，或上妓院嫖婊子。

二等妓院，他們也進去過，但只是參觀一般，走個過場。正經辦事，都在三等館子。而無論二等三等，客人到來，妓院都是上等茶水招待，喊叫姑娘們進來見客，供客人挑選。選中了，隨姑娘到房間去營生。

日偽時代，腳行苦力工扛一天麻袋，可以賺一元錢。開初，一元紙幣也值一個大洋；後來，紙幣貶值，也就值六七毛。苦力們賺一元錢，伙食攤派較高，要花去五毛。有人嫌伙食貴，自己吃小攤，或許可口一些，但也得五毛左右。

這樣一個收入狀況，大家於是一般消費不起二等妓院。這裏，和一位姑娘過夜，要花兩塊錢。三等妓院，大家感覺與二等差別不是太大，過夜費用只要一塊。

假如客人不在妓院過夜，只是前來辦事一回，如同現在人們所說的「打一炮」，則只要兩角錢就可以了。當然，這要受到時間限制。妓院裏的傭人號稱「大茶壺」的，估計時間差不多了，會拎著大茶壺來踹門板，呼叫「添茶」。催趕客人起身。

妓女當然也把握著時間，彈歌小唱、說笑逗趣、按摩親昵，種種本領不來賣弄。頂多事前陪客人磕幾粒瓜籽。嫖客們上妓院簡單辦事，因而也叫「嗑瓜籽」。

梅毒

我學習開火車，好幾個師傅，年齡和家父相當，都從舊社會過來，但都沒有家父那樣直率。說起他們當年逛妓院，吞吞吐吐的。即便承認去過妓院，也說是司機帶領去的。和妓女有過什麼接觸嗎？也都說沒有。頂多嗑幾顆瓜籽罷啦。妓女見他們年輕，有的會好心勸導大家：

以後不要來這樣地方。小後生，千萬不敢染上梅毒！

梅毒，俗稱楊梅大瘡。並非中國國粹，系由西方傳來。大概年代在明末，比鴉片傳入更早，與玉米紅薯煙草幾樣東西一併傳入中華。

一期梅毒，生殖器發生病變。褲襠裏的玩意兒生瘡膿腫，行走不便，彷彿推了一輛小車。某某「推上小車子啦」，那分明就是染上梅毒了。如今青黴素、過去六零六，據說治療相當有效。

萬一治療不及，二期梅毒全身發作毒斑。若到晚期，會殃及面部，眉毛脫落乃至鼻子爛掉，不成人形。俗稱楊梅上天。

梅毒不僅接觸傳染，而且遺傳。有梅毒性心臟病、神經病等等。

狐臭

狐臭，其實應該是胡臭。

全球人類人種，以黃種人體味最輕。黃種人裏，朝鮮民族自古食物清淡，體味又最輕。其他人種，華人所謂番夷胡狄者，體味較重。有的臭不可聞，是為胡臭。

胡臭，老百姓更稱為「臭骨頭」。

在鄉下，兒女攀親，最當緊要打聽人家。在大家的心目中，臭骨頭似乎比階級敵人地富反壞右還要可怕、比下九流王八戲子吹鼓手還要低賤，無論如何不能與胡臭人家結親。

誰家要是找了臭骨頭進門，說是「把茅桶擔回家來」。胡臭難聞，關鍵還要遺傳。子子孫孫無窮匱，從此「謬種流傳」，可不慎哉。

華人漢人，所以對胡臭抵制激烈，實在是基於民族慘痛歷史的記憶。元朝統治將近百年，跑馬圈地，殺人如麻。人分四等，漢人、南人列為賤民。老百姓至今流傳「十戶人家伺候一個韃子」的說法，異族統治者欺人太甚，乃至有所謂初夜權云云。

經驗證明，歐美白色人種的體臭，比尋常胡臭更為嚴重。有的不僅是腋臭而已，全身毛孔都在散發臭氣。

老百姓對胡臭有所區分。父系遺傳者，叫做「骨臭」，永久性遺傳。母系遺傳者，稱作「皮騷」，據說臭味能夠漸漸減弱。不知然否。

笸籃大娘

建國前，據父親說，暗娼也不少。

暗娼偷稅漏稅，國法不容，打擊向來嚴厲。

但暗娼屢禁不止，有其滋生原因。一方面，良家婦女，迫於生計，一時需要賣淫來維生，怎麼辦？不能去當職業妓女，只好做暗娼。另一方面，靦腆後生，或者買賣行當的學徒，不敢公然逛窯子，怎麼辦？只好設法找暗娼，偷偷辦事。

有人要做暗娼，有人要偷偷嫖妓，拉皮條的應運而生。

當年，在太原小北門，腳行苦力相對集中的地方，有個拉皮條的老太婆。盂縣家，老漢名叫笸籃，老太人稱笸籃大娘。

姑娘媳婦，想要賣淫賺錢，笸籃大娘負責介紹嫖客。嫖客想要保密，或者是想要品嘗良家婦女而不是職業妓女，費用就比較高。春風一度，並不過夜，也要一塊錢。

笸籃大娘得了一塊錢，對賣淫的女性克扣嚴重。她的口頭禪是：房子兩毛炕兩毛，大娘還要抽兩毛。房子與床位，兩頭剝削，老太婆還抽大煙，一塊錢要拿走六毛。

笸籃大娘剝削嚴重，過於貪婪不義，到底犯了事兒，被繩之以法。罰款之餘，驅趕出境，離開太原。

闖腳

除了妓院暗娼，旅店客棧也是一個賣淫嫖娼的處所。

當年，大飯店都有女招待，供顧客挑選過夜。女招待之外，飯店大班手頭還有若干應召女郎。有照相冊供客人挑選目標。選好之後，大班即刻通知女郎；女郎打扮起來，雇傭黃包車即刻趕到。

父親講，個別盂縣老鄉有兩夫妻來太原謀生，一時生計艱難而有老婆上飯店賣淫者。老鄉們私下議論：某某的女人跑飯店哩！大家議論一番，無可如何。

一個女人，在笸籃大娘那兒也營生過的。一次應召到飯店，天亮之後回來對大娘說，夜來可是賺了一份便宜錢！

原來，一個嫖客，並不幹正經應該幹的營生，卻是抱了女人的腳，反覆嗅聞。如此整整一晚。

或曰，這就是所謂戀腳癖吧。

朝天銀行

村裏男女搞婚外戀，稱作「拉邊套」，有情感在焉。

有的女人風騷，多有婚外伴侶，只為解決性慾，並不為著錢財。

議論那種女人，文明講話，說是「賣淫」；粗俗語言，說是「賣屄」。其實名不符實，其中並沒有金錢交易。

出於生計考慮，賣淫賺錢的也有。人們的看法，似乎覺得比風騷女人還要低賤些。有人需要辦事，甘願付錢；付錢之後，挖苦那女人賺錢容易。既得了快活，又賺了銀錢。說她們自帶夾錢的夾子，開著「朝天銀行」。

夜不閉戶

七七事變之前，閻錫山治理山西，曾經達到夜不閉戶的理想狀態。據老人們傳言，太原市民居住的院子，黑夜無須關鎖大門。院裏晾曬衣物忘了拿回，也不妨事。巡警半夜或許會進院來用警棍敲擊窗戶，提醒居民：要下雨了，院裏誰家的衣物，收回去啦！

閻錫山當年還有治理山西種種美好設想，宣傳口號有「無山不種樹，無田不水稻，無人不當兵，無人不入校」等等。

歷史人物無不受到歷史局限。說他們成心要把自己管理的地盤搞壞搞糟，不夠客觀。

田中的祖母

父親在腳行當大工頭的時候，和一個日本鬼子田中是朋友。

他們開始結交的時候，父親十九歲，田中十八歲。

鬼子的勞務系裏，有個直草，算盤打得好，毛筆字也漂亮，工資一百二十元；田中什麼也不會，工資180元。因為田中是高中生，而直草只是小學畢業。

田中家中來信說，妹妹被徵召當了軍妓，田中很傷心，在父親面前掉淚。那麼不當軍妓可以嗎？田中說，天皇的命令，不得不服從；否則，家裏面子的沒有。

後來戰事緊張，普通職員隨時可能徵召上前線。田中恐懼，又在父親面前掉淚。一來恐懼死亡，二來恐懼部隊裏挨打。聽說八路軍裏不打人，田中很嚮往的。勸他在前線乾脆投降八路軍，田中也動心，但還是恐怕家裏「面子的沒有」。

田中終於被徵召上了前線。臨行，父親擺酒為他送行，還送給他三百塊錢。

朋友之間，無話不談。田中講，他的祖母的祖母，也是裹腳的。「和中國人的，一個樣子的」。

魯迅先生在他的《朝花夕拾》集子中，有一篇紀念他所尊敬的藤野先生的文章。文中有這樣一段：

「……他聽說中國的女人是裹腳的，但不知道詳細，所以要問我怎麼裹法，足骨變成怎樣的畸形，還歎息道，『總要看一看才知道。究竟是怎麼一回事呢？』」

藤野先生專攻解剖學，以他所處的年代和學識而論，若日本女人先前也裹腳，他不會不聽說一二。那麼，我父親敘述的田中的說法就值得懷疑。

或者，先前在日本的個別地方竟也有裹腳陋習。或者，便是田中扯謊。

田中為什麼要撒謊呢？我以為，那是一種強烈的與中國文化相認同的心理作怪。中國人傳說，日本人是徐福帶領的尋找長生不老藥的童男童女的後代；日本人，至少田中之輩，也極力附和。

他說：我們的，也是中國人的；小孩子生的，所以個子小小的。

席筒捲人出售

日本戰敗投降後，在中國各地都有日本僑民暫時無法歸國的情況發生。而任何戰爭，都是婦女受害最嚴重。

老輩人說，當時有無賴之輩不上妓院，而專門姦污日本女性的。

後來，則發生了所謂無主的日本女人被公開出售的慘事。據說，女人們被捲在席筒裏，買主付款一份，可以買走一個女人。美醜老幼，各安天命。

母洋鬼子

日本鬼子侵略山西開初，日本女人不是穿和服嘛，老百姓傳言說，鬼子非人非類，母洋鬼子就根本不穿褲子！

我們村，曾經發生過一件轟動一時的集體受辱事件。鬼子出發了來，山頭上放倒了消息樹。老百姓立刻出村跑反，向深山溝裏逃去。但鬼子這次沒從大路前來，卻是從山溝裏朝村子襲來。跑反的老鄉就在中途被全部截獲。

當時，奶奶生病。四伯用被子包了奶奶，卻出不了屋門；只好先將被子鋪到院裏，再將奶奶抱出屋門。這時，聽得山頭上有人呼喊報信，才從相反方向逃走。

我村被截獲的人群，鬼子強令所有男女脫光衣服，然後將衣服全部燒掉。當時，大家無以遮醜，摘下蓖麻葉子來捂蓋下部。事後，其他村莊傳言說：

紅崖底的女人，把二畝地的蓖麻葉都摘光了！

最可悲者，鬼子已經唱著軍歌揚長離去，女人們不敢回村，光了身子繼續朝深山逃竄。小腳被扯掉裹腳布，顧不得沙石硌腳；渾身赤裸，也不管荊棘割劃。

當時，我爺爺膽小怕死，早幾天就躲在山裏住了山洞，自己在山洞裏生火煮飯。他在山洞口那兒朝下觀望，老眼昏花裏，只見一些女人都是光屁股，真是從來不曾有過這樣經歷！於是，以為來了母洋鬼子，當時就嚇得尿了褲子。

女人們眼尖，認出我爺爺，連聲呼喊「救命」；爺爺恐懼，後邊越喊，奔逃越快。

強迫性交

鬼子出發到鄰村神泉堡，將老百姓集中到村裏廟院。強迫人們脫光衣服，然後強迫男女性交。最無人性者，是強迫老漢與少女交配、青年與老婦交配。

乃至有公公姦污兒媳者，兒子姦污母親者。

日本種子

鬼子強姦婦女，有致使婦女懷孕者。

我們跑校期間，神泉完小一名低年級學生，大家都說他是日本種子。同學們將對日本鬼子的仇恨，經常發洩到那個孩子頭上。嘲弄、謾罵、毒打、孤立，以為理所當然。

虐俘

抗戰期間，八路軍曾經發動過著名的「百團大戰」。殲滅鬼子上萬，還有俘虜若干。我們盂縣曾經活捉過鬼子軍官和幾個日本女人。押送後方之前，飽受鬼子欺凌的百姓，起而報復。

鬼子軍官被非刑拷打。鬼子嚷「渴」，用開水灌入喉嚨；鬼子喊「燙」，還有更燙的，用燒紅的火柱捅進肛門。我記事的年齡，奶奶給我唸叨當時的順口溜：

想喝水，開茶壺；
紅火柱，捅屁股。

幾個日本女人，則受到民兵後生集體輪姦。叫做「打排子槍」。被輪姦過的女人，押送後方的途中，扒光衣服，不許穿木屐，用帶刺荊條抽打了屁股趕路。

鬼子侵略中華在先，受到報復理所當然。

但，虐俘，總是讓人心裏不舒服。戰爭，使侵略者與被侵略者，都暴露出了人性最醜惡的部分。

砂鍋

一次跑反，我村一家人小米剛剛下鍋。就用繩絡網了砂鍋，連同小米拎了逃跑；跑到山裏，準備用柴火繼續燒飯，這時發現小米已經熟了。

砂鍋，有兩樣。一樣，是薄皮砂鍋，傳熱快。一樣，是厚笨砂鍋，相當保溫。平常往山裏地裏送飯，都用厚笨砂鍋，將砂鍋預熱，舀入熱飯，到山裏還是熱的。

雲南名吃「過橋米線」，容器也必定要用厚笨砂鍋。

投缸自盡

我們村發生那次集體受辱事件後，有兩個女人投缸自盡。兩個女人都是好女人，所謂小腳妙手，三寸金蓮。她們無法承擔被強迫裸體的羞辱，她們恐懼跑反的日子沒有止境。栽進自家的水缸，就那麼慘死。

福民小鬼

投缸自盡的一個女人，是我村福民的老婆。福民個頭不大，人稱福民小鬼。老婆一直不生育，好在為人精幹，持家有方。老婆不幸自盡，福民小鬼回家，將門神土地家堂財神各路神仙的牌位統統砸爛，扔進茅房。一邊大罵：成天燒香上供，老子攏共一個女人，都給老子照護不了，老子供你們王八蛋們做甚？

福民小鬼從此忿而闖了關東。

一九五八年，闖關東的福民小鬼回到村裏來，我見過的。到一九六〇年，饑餓浮腫而死。

聽說，日本鬼子投降時候，福民小鬼在東北也花錢買了一個日本女人做老婆。

日本女人，本來敬奉男人如同天神，何況是戰敗國的遺民。每餐飯，做好後都要頂在頭上託盤，讓男人享用；男人吃罷，恭恭敬敬頂了空碗下去。如此恭謹，但福民小鬼整日痛打那日本女人。

一者，語言不通；二者，飯食不合口味。福民小鬼一邊痛打，一邊詛咒：

老子的老婆，做飯不是你這味道！

最讓福民小鬼不能接受者，是那日本女人不裹腳。一看見那樣天足，無名火三千丈，痛打毒打。據說，最後那日本女人被虐待而死。

據此，我早年曾經創作過一則短篇小說《遙祭》。文中的我，上墳的時候，心血來潮，給那死在東北的無名日本女人也燒了一炷香。是為遙祭。

小說發表遇到極大困難。

破鞋上炮臺

鬼子佔領盂縣期間，修築若干炮臺控扼交通要道。縣城往北的大道上，離我村十六裏，修築了一座千佛寺炮臺。

炮臺上，有鬼子一個班，偽軍一個小隊。經常向周邊村莊派差，要花姑娘上炮臺提供性服務。否則，就要血洗村鎮。

維持會沒有辦法，只好攢些錢，威脅利誘村裏的破鞋上炮臺。

堂堂大漢朝，尚且屈服匈奴壓力，派送公主遠嫁和親，我們實在無權苛求古人前人。

鎮子上，有一次向炮臺派送的兩個破鞋裏，有我的一位姥姥，稱呼五姥娘的。

五姥娘風流過人，幹部們脅迫，也只好答應上炮臺。但她從來沒有見過日本鬼子，所以有一樣擔心：

不知道那日本鬼子是人不是人？

當告訴她，日本鬼子倒也是人，不是毛驢畜生，五姥娘慨然道：

走吧！只要他是人，不是牲口，不怕！

避孕套

抗戰期間，日本現代化程度比中國高出許多。

比如，鬼子野戰，食用罐頭製品，老百姓莫說見過，聽說都沒聽說過。

還有，鬼子姦污婦女，部隊發放有避孕套。老百姓更加不知那是什麼東西。經見過的女人議論說：

日本鬼子辦事厲害！雞巴整個要脫一層皮哩！

塞咕

鬼子語言，叫煙草是「大巴勾」，是西語音譯。老百姓聽多了，也懂得了。

鬼子說性交，語音是「塞咕」。

鬼子出發掃蕩，追逐婦女，女人們有慌張逃跑丟掉鞋子的。

我記事年齡，村裏還流傳這樣一段順口溜：

塞咕塞，塞咕塞，
貴拴他媽搭了鞋；
為什麼不綴摟跟帶？
二姐夫擔水揀回來！

第四輯

盛七不盛八

關於女性在生理上究竟適宜接受多少男性，民間俗話說是「盛七不盛八」。對這句話，可以有兩重理解。

一種，在一次性交活動中，一個女人最多可以接受七個男性的進入，否則，會傷害身體。

一種，在長期性交活動中，一個女人最多可以有七個性伴侶，否則，會影響生育。

當然，這種說法恐怕也僅僅是說法而已。

在我有限的經驗裏，我們村裏的破鞋風流女人，或者乾脆不生育，或者頂多最初生育一胎。

在書籍上，則有妓女懷孕、老鴇強迫墮胎的記載。

麝香

如今節育成為國策，婦女流產成了家常便飯。與珍視保護胎兒的傳統，彷彿拉開了距離。

過去，墮胎在法律上不允許，至少要受到社會輿論的譴責。同時，墮胎在醫學手段上也相對困難。

未婚先孕，或者婚外戀有了孩子，怎麼辦呢?據說，麝香有墮胎的藥用功能。

雄麝的腹部，有麝香腺體，所生麝香乃名貴藥材。聽老輩人傳言，當雄麝被捕殺，但凡還有一點力氣，必然要自行破壞腺體，做為對人類殘忍的報復。

指甲草

現在，女性塗染手腳指甲者不算少見。不知塗染指甲使用什麼材料。

過去，婦女塗染指甲，使用一種天然指甲草的花瓣汁液。

據說，指甲草，不僅具有美化指甲作用，更重要的是，指甲草還具有抵禦麝香的藥用功能。婦女出沒社交場合，萬一有什麼人身帶麝香，只要用指甲草塗染過了，可保胎兒無虞。

難產

舊社會，婦幼保健醫療系統闕如。婦女生孩子成為人生最大難關。因難產而造成母子雙雙死亡者，比例極高。

我的一位堂嬸，我的二大娘，都是難產而死。

據說，如果死者懷的是男孩，那孩子最終是要離開母體的。

二大娘難產去世後，我父親回去幫忙料理後事。當時，肚裏的孩子還沒有出來。接生的女人們費盡力氣，沒有效果。大家認為，讓孩子隨了死者埋葬，非常不妥。婦女們進一步又認為，二大娘來做媳婦時節，我父親剛剛出生，二嫂抱過我父親他這個六兄弟，六兄弟宜於將二嫂腹中的胎兒設法弄出來。

父親於是慨然受命。胎兒已經伸出一條腿，父親費力拉扯，渾身出汗而不能成功。他講，已經準備放棄了，第二天就假說已經取出孩子扔掉得了。

但在那一刻，父親突然覺得不妥。這不是「哄鬼」嗎？於是繼續操作，終於將胎兒取出。

還有一段故事。父親按照村裏規矩，將死孩子扔到既定地點埋葬後，返回途中聽到身後有「刷拉、刷拉」的腳步聲。停下來，聲音也就停止；朝後看，什麼都沒有。被反覆驚嚇過後，才發現原來是褲腿上沾了一根帶刺沙蓬。

四六風

現在醫學發達，新生兒肺炎、黃疸，都可以及時治療。過去，這些疾病中醫統稱「四六風」。新生兒往往不治，幾天之內斃命。迷信說法是有勾魂小鬼從煙囪鑽入婦女月子房，攫取了孩子性命。

我父親一個同鄉，腳行的老夥計，在他之前母親生了幾胎，都因為四六風而夭折。到他出生之後，他的大伯在房上煙囪口那兒，整整守候了六天六夜。大伯擋住了勾魂小鬼，而他竟然逃過了四六風的戕害。

這位同鄉，性格軟弱，有些懼內。大伯晚年困窘，他想給大伯寄去幾塊錢而不可得。遭到父親狗血淋頭痛罵，他終於奮起和老婆吵鬧一回，方才可憐兮兮給大伯寄出了五元人民幣。

八叔

老百姓希望孩子健康長命，有許多自欺欺人的迷信辦法。將孩子名字注錄在廟裏啦，取名故意輕賤啦，給孩子拜認義父義母啦，等等。

父親兄弟七個，我卻有一個八叔。八叔是爺爺的義子。

張家莊的張六十四，和我爺爺同輩。老婆連著生了幾個孩子都夭折了，十分恐慌。這回，六十四老婆將要生產了，謀劃將孩子拜認在我爺爺名下。爺爺七個兒子，個個健康。農民說話，直截了當，六十四當街碰上我爺爺，說了一聲：我那哥，老婆快要生了；這回生下來，娃子就給了你啦！爺爺就答應：給了就給了唄！

事情就那麼定了下來。六十四的這個兒子，取名八毛。滿月時候，曾經抱到奶奶跟前，專門進行了拜認儀式。

說來奇怪，八毛竟然健康存活下來。六十四的老婆後來還有生育，沒有繼續進行拜認儀式，只是名字叫做「九毛、十毛」，九毛十毛都夭折了。

八毛每當生日，都要來我們家過生日。給奶奶磕頭，奶奶這廂則要做糕。舉行祭拜天地種種儀式。

八毛僅僅比我年長一歲，前來過生日作客，十分拘謹。稱呼奶奶「乾娘」，聲兒吶吶的。按輩分，我們兄弟人等都要稱呼他「八叔」。八毛乾脆不敢應聲。

墓庫鬼

鄉下老百姓迷信者多。認為人死後會變成鬼。婦女因生產而死，男性胎兒不曾離開母體者，則會變成一種極其可怖的所謂墓庫鬼。據說，午後陽氣下降，鬼魅會出來活動。墓庫鬼揹著一個男孩，到燒餅攤兒上來買燒餅。事後，攤主發現那錢原是紙錢，能夠在水上漂浮的。後來，再見那女人前來買餅，要在水碗裏試驗錢幣真偽云云。

老百姓傳說種種鬼魅故事，我小時都非常恐懼。只有這個墓庫鬼的故事，在我心目中升起了某種感動。即便身死為鬼，母愛依然。賣餅攤主，何其吝嗇無情。

夢中鬼魅

村裏老鄉，尤其是婦女，迷信者多。敬神畏鬼，禁忌多多。鬼是什麼樣子？誰也不曾見過。或者正因不可得見，所以更加令人恐懼。

小時在村裏聽說許多關於鬼的故事，恐怖印象深入腦海。數十年後，仍然會作噩夢，驚嚇自己一頭冷汗。

記憶深刻的，有這麼幾個。

夢中進入作協的庫房取什麼東西。那庫房已經變形，呈穹窿形狀，陰暗壓抑。空間散射昏黃光線，不知光源所自何來。地面一角，彷彿平躺了一具屍體。屍體上蓋了一領席子，露出兩隻赤腳，赤腳瘦骨嶙峋，朝向這邊。心中忽然隱生懼意，慌慌從庫房離開。隨手關門的時候，裏邊有人拉住門板。驟然驚寤，心跳怦怦。

還是住在街道大雜院時節，電燈的拉盒開關有點毛病，拉開不能彈回。一次噩夢驚醒，黑暗中去開燈。而開關反覆拉動，不能復原。心想，不必開燈了，就這樣繼續睡覺好啦。這時，就在我的頭頂，乍然出現一個高大黑影，雷鳴一般斷喝道：你說什麼？怪影巨響，好不嚇人。這時，我才真正醒來。頭上冷汗涔涔。

前段在小報上看到一則花邊報導。稱某人有心臟病而慣作噩夢，一晚突然死亡，據說係自己噩夢將自己嚇死云云。

身邊鬼臉

二十年前，香港電影《畫皮》公映。看罷夜場，我沒有回家，上編輯部來取一個東西。編輯部在二樓，而一樓照明電燈全部損壞，漆黑一團。剛剛看完那樣電影，心中不免有些怯意。

或者是要戰勝自己的恐懼怯懦吧，我特別到一樓廁所去小便一回。漆黑中，估計走到小便池旁邊，開始解手。突然，就在我的身邊，我的眼前，乍然現出了一張鬼臉。原來，廁所已經提前有人進來，是機關當時施工的一個民工。他正叼了一支香煙，吸煙的當兒，煙火漸亮，黑暗中便映出了他的面孔。

周遭漆黑，一張臉突然出現，浮在半空。出乎意料，果然有些嚇人。

在部隊時，曾經下鄉助民勞動。一個戰士到屋後廁所大解，有人就開玩笑嚇唬他。拿一支帶有藍色護圈的手電筒，悄悄潛入廁所，半蹲了，突然揿亮手電筒，一柱藍光從下巴那兒朝上照亮自己面孔。虛空裏就突然顯現一張鬼臉。正在大解的戰士啞啞地驚呼半聲，嚇暈在廁所茅坑板上。

在家怕鬼　出門怕水

山西多山，不住在河邊的人們不通水性者居多。比如我們家鄉，歷來有「在家怕鬼，出門怕水」的說法。

夏季，雨水在一些坑窪聚積二尺深淺一點水，孩子們去耍水，必然要遭到大人痛打。至於攀岩上樹，孩子們出了事故，摔得皮破血出，沒人緊張，也沒人同情。山裏孩子，上山摔了，要受到恥笑的。孩子自己也覺得丟面子，萬不敢叫苦喊痛。

跟鬼

村裏有人說，看見過鬼。或者某某突然犯病，據說也是因為看見了鬼。

也許言說者並未撒謊。但是，這只是個體經驗，到底無法證明世間有鬼。

但村裏還有「跟上鬼」一說。鬼魅附體，其症狀人所共見。

患病者突然迷失本性，言語舉動扮演已經死去的什麼人，惟妙惟肖。男人變作女聲，少者忽作老態；整段背書、整本唱戲之類。

治療辦法，無非驅鬼捉邪，涉獵迷信。但患者發病症狀，確實有奇異不可解之處。

皮狐

除了跟上鬼，村人還有跟上狐狸精的。

這種成精作怪的狐狸精，不是普通狐狸，特別稱作「皮狐」。

跟上皮狐的，主要症狀是遺精夢交。極難治療。燒符唸咒，法物鎮壓，沒有效果；男子便是服用鎖精丹，仍然夜夜夢遺。

據說，只要患者講出夢中性交對象是誰，便可破解皮狐魔力。但那皮狐極為狡黠，會在夢裏扮演男子母親姐妹。患者羞怯，不肯言說明白，因而沉溺日深，最終有性命之憂。

還有一個辦法，就是趕緊讓這男子結婚成家。有真實性交對象，何須夢中交接。但有人跟上了皮狐，名聲在外，急切間要攀親成婚，也不容易。

又據說，母親姐妹為了治病救命，乃有苟且亂倫者。

夢遊

我入伍不久，一塊入伍的新兵有一位被突然辭退回家。原因是發現他患有夢遊症。

夢遊者，在睡夢中起來做許多事情，井井有條的，彷彿清醒之中，而他本人全然不知覺，甚至事後連夢境都沒有記憶。

一個戰士夢遊，夢見上西瓜地挑西瓜。原來是一個個摩挲戰友的頭顱。西瓜幸好不熟，所以沒有切西瓜。想想，真夠危險！

我村一個春明，十來歲上嚴重夢遊。一度時間，每天晚上起來去挑水。光著身子，擔了水桶上井口打水，將自家水缸擔滿。

後來聽說好了。但也不知怎麼好的。

尿床

小孩玩耍疲累，乃至大人極度疲勞，都有偶爾尿床現象。

長期習慣性尿床，便是疾病。

我村一個媳婦，剛嫁來時，人們傳說她有尿床病。十七八的大閨女，夜夜尿炕。出嫁前，爹媽夜裏操心，揪起來按在尿盆上，死活不尿；放回炕上一會，早已尿得恣肆汪洋。婚後，據說只是偶爾再犯；生過孩子之後，徹底痊癒。

蝴蝶斑

婦女懷孕期間，多有妊娠反應者。一般症狀是嘔吐。

按說，懷了孩子，生理需求該是大量吸收營養。嘔吐現象，不知出於何種病理。

至於下肢浮腫，血壓不穩，則是妊娠中毒症狀。

還有，就是面部出現深褐色斑塊，醫學上叫做「血色素沉澱」。老百姓稱作「蝴蝶斑」。

蝴蝶斑，打針吃藥種種辦法難以消除。據說，只有再次懷孕生育，可以得到調理治療的效果。

生育去病

某女歌唱家，曾經紅極一時。後來由於聲帶疲勞，進行藥物封閉，注射位置偏差，造成了聲帶損傷，再也發不出高音。百計治療，沒有效果。

後來，南京一位老中醫給她開了一年的中藥，並且建議再生育一個孩子，可以恢復聲帶功能。所謂病篤亂求醫，姑且一試。竟然成功。

歌唱家在電視節目中自述情況甚悉。

叫床

男女交配中，有不能自禁而忘情呼喊者，俗稱叫床。以女性居多。

村裏人說舒服是「受用」。有女人性交中快樂難耐，放聲呼喊不能自已，高潮到來時節，拍了屁股嗥叫：受用死啦！受用死啦！

說得誇張些，半村人夜裏都能聽到。那女人也不好意思，賭咒發誓要改掉叫床毛病。但到激動時刻，依然吼叫連連。

呼嚕憋氣記錄

睡覺打呼嚕者，男性居多而比例甚高。自己睡得香甜，攪擾旁人不能入睡。

有說打呼嚕是一種病的。開會數日，有人呼嚕過份厲害，同居者揪了呼嚕先生去看醫生：你這不叫打呼嚕，你這是有病！

有呼嚕聲震得窗玻璃嗡嗡作響者，有宛若風箱進出都要發聲者。

據說，打呼嚕丈夫去世，妻子身邊沒了雷鳴巨響反而不能入睡。

有打呼嚕突然斷氣，彷彿死亡而令人驚恐不安者。

一次，我在火車上遇到一位。呼嚕聲起，吸入空氣，咽喉閉合，超長時間不出氣，彷彿是有意憋氣。我的游泳技能尚可，能夠潛泳五十米。主觀憋氣一百秒以上。反正無法入睡，就和那位老兄進行憋氣比賽。

我都憋得要窒息而死了，只好開始呼吸；那位還能有半分鐘左右，了無聲息。而且，其人每一呼吸，皆是如此。真個好功夫，我只能甘拜下風。等其人睡熟醒轉，說明情況後邀他和我比賽憋氣，則遠遠不是我的對手。

呼嚕勝於火車

我睡覺也打呼嚕。水平一般，名氣普通。但偶爾有超常表演，過於平日。

一次，夏季帶孩子上青島避暑。上火車前，已經打牌一夜、趕製稿件一夜，兩晝夜不曾闔眼。計畫到火車上好生休息。中午時分，車過石家莊，溽熱不堪，汗濕眼睫而無法入睡。乾脆熬到夜間。結果，呼嚕打得厲害，驚動整個臥鋪車廂。

我的孩子介紹形容說，火車開動，仍不能掩蓋我的呼嚕聲響。而火車一旦到站停駛，單單剩下我的呼嚕，十分突出，幾乎臥鋪車廂每個間隔都有旅客探頭出來，朝我這面觀望。有人紛紛質問：那是誰呀？還讓人睡覺不讓啊？孩子不禁慚愧，不好意思承認我是爾等父親。

呼嚕打死狗

打呼嚕嚴重厲害聽說種種，最嚴重者是打呼嚕竟然打死過一條狗！

一位食堂大師傅，打得好呼嚕。這天夜裏，將肉塊煮在大鍋裏，閂好門戶，放倒身子在面案上睡覺。一條狗，嗅到肉味，從門縫擠了進來。

那狗跳上灶台，準備吃肉，大師傅那兒起了呼嚕。狗朝鍋裏每要探頭，呼嚕便乍然一響。爾後，呼嚕前奏過後，正式開打。一聲高過一聲，狗不知那是何種聲響，再也不敢逗留伙房。當即起身逃竄。

門上朝裏拴了鐵鏈，狗可以將將擠入；待它要逃走時，肩膀扛了門板，愈擠愈緊。而後邊大師傅的呼嚕更加有如雷霆萬鈞，狗瘋狂逃遁，終至將自己活活擠死在門縫之間。

夢中唱戲

早年一部蘇聯小說，寫一個特工打入德寇間諜機關的故事。後來身份暴露，竟然是由於說夢話。因為他在夢中說話，說的是自己母語俄語而不是德語。

報社一個朋友，夢中說話特別清晰，幾乎能作長篇報告、能朗誦大段文章。

出版社一位編輯，他老父親晚年退休後，到某機關負責看大門。將近年關，領導突然前來查崗，看門衛是否敬業。聽得老人整板唱山西梆子，領導十分滿意，特別給予表彰。編輯知道後大笑，原來他家老爺子一直是夢中唱戲。能整板唱許多戲文，比醒著還要唱得好許多。

文王吐百子

文王被紂王囚禁在羑裏七年，將伏羲八卦疊加複合而成六十四卦。

傳說，紂王曾經殺害文王長子伯邑考，將人肉做成飯食要文王食用。文王如果真的有預卜能力，將不食兒子之肉，紂王便要加害文王。文王假裝不知，忍痛食用了兒子之肉，終於逃出性命。

文王回到西岐，想起食子之事，不禁嘔吐連連。神話故事講，文王竟然吐出來一百個兒子。民間乃有「文王吐百子」的說法。

一位廚師，擅長麵食，看家本領是做「文王吐百子」。

有一回，主家來了不少客人，廚師卻外出打牌，歸來晚了。主家有些不悅，點菜之餘，主食專門說要吃餃子。廚師會者不難，先炒上幾個熱菜，供大家下酒。到上主食的時候，端上一隻大盤，盤子裏是一個大餃子，呈王八形狀。主人以為時間不夠，廚師包了一隻大個餃子，臉色好生難看。質問道：這東西怎麼吃啊？

廚師在王八口邊輕輕一捏，開了一個小孔；然後使筷子在王八脊背上一敲，王八口中便「撲通」跳出一隻餃子。主人客人因而大悅。

詢問廚師此一吃食名堂，廚師曰：山西麵食之一，是為「文王吐百子」。

王八腹內，塗抹香油，而且其中熱氣膨脹，稍加擠壓，則餃子跳出矣。

紂棍

紂王並非長子，排行在微子箕子之後。因其孔武有力、聰明穎悟而受到先王喜歡，登臨王位。

騾馬之類，若是軍馬供人乘騎，馬鞍用馬肚帶捆縛在馬的腰間。若是備了鞍子載人或者馱物，則是前後方向將鞍子拉緊。前邊利用脖套，後邊利用一根橫木。毛驢騾馬，橫在臀部那兒的木棍稱作「紂棍」。

替代紂棍的皮制條帶，叫做後鞧。

或者，紂王之紂，有排列在後的意思。

十個胖子九個富

如今，生活提高，吃喝基本不愁，到處是胖子，人人喊減肥。

過去，大家的印象中，胖子不是很多。大腹便便者，往往懷疑是富人、首長什麼的。

曾經有順口溜說道：

十個胖子九個富，
世上富人盡大肚。
若是大肚他不富，
不是賣肉就是開飯鋪。

走相

算命看相，方法多多。

個中高人，不用看手相面相，單是遠遠看一下人的走相，可以判定其人身份大概。

算命師父，傳授徒弟一些口訣。應該是前人的經驗總結。

比如：昂首闊步而來者，偉人也。其實，偉人大首長，行走自然昂首闊步。

拔步而來者，勇人也。練武者，腳底有力。

碎步而來者，賤人也。主席臺上倒茶水的服務生，他敢大搖大擺走路嗎？

遊手而來者，閒人也。所謂遊手好閒。

傾頭而來者，有心思者也；

低頭左顧右盼而來者，陰人也。

所謂仰頭女人傾頭漢，老百姓都認為是厲害人物。

望聞問切

中醫講究望聞問切。有經驗的老中醫，無須切脈，其實只要患者進來，一看面色，大致可以判斷出患什麼病。閱人多了，自然眼力不凡。

歷史上著名的典故「扁鵲見蔡桓公」，一看便知桓公患病，病在何處、什麼程度。

巴爾扎克說過，有三種穿黑袍的人，眼光銳利。是為醫生、律師和牧師。蓋其職業，都是大量接觸社會各色人等。

——當初，西方醫生穿著黑衣。此一職業或由巫師演變而來。

藥王

我村小學，早先一直占著村裏的廟院。

廟上，三間神龕，供著藥王、山神與文昌帝君。藥王是主神。

神龕對面，一顆松樹，掛了鐵鍾一口。神龕跟前，一株榆樹。那便是藥王的一苗大藥材。村人得病求神，燒香上供已畢，抓一把香灰面、揀幾片榆樹葉子，就是求得了神藥。

藥王，老百姓都知道姓張，不知道名字。懷疑是指著作《傷寒論》的張仲景。

村人傳說藥王神奇故事種種。

一個說，藥王當年在藥店學徒，醫生下毒驅蟲，開具藥方，藥量四兩。藥王在一邊說，吃四兩不如吃半斤。患者竟然痊癒，前來請醫生前去吃酒。藥王又說，去不如不去。

原來，藥量下得不夠，蟲子只是被毒昏而不曾毒死。醫生前往作客，主家敲鑼打鼓的慶賀，驚醒了蟲子，患者最後一命嗚呼。

還有一個說，藥王漸漸成名，可以斷人壽命，無有不准者。一個後生，從牆頭「咚」地跳下，請藥王給他看相。藥王說，你趕緊回家吧！晚了，就回不去啦！

原來，那後生家剛剛吃飽，從牆頭跳下，已然震斷了腸子。

種種神異，不一而足。缺醫少藥的鄉村，大家盼望有神醫出現，最好能手到病除。

氣功大師法輪功騙子所以輕易得手，或正是利用了愚民的上述心理。

集會結社

早年鄉下農民真正是自由集會結社。

比如，陰曆四月二十八傳說是藥王誕辰，大家就結一個藥王會。一般以戶為單位入會，戶數不等。假如發起之初是十戶，這十戶人家就成了會員。大家結社入會幹什麼？多是互助性質。比方，一家出兩塊大洋，十家共集資二十元。通過抽籤決定先後次序，各家輪流使用這二十元錢。使用期限一年。本錢還算各家的，到十年之後，再行議定解散集會或者繼續。

使用二十元互助金的戶頭，當年花用銀錢，解決了若干困難，應該有所表示。辦法就是在藥王誕辰紀念日，該戶出面張羅祭拜藥王儀式，豬頭全羊，酹祭藥王。然後十戶代表在該戶一塊飽餐一頓。

出席這樣宴席，叫做「坐會」。

坐會趕豬

集會結社，也有不全是本村戶家的。比如某座大廟，雖然建在某村，但周邊村子百姓都來祭奠，趕廟會、看大戲，各村都有負責祭神的負責人，所謂團頭社首之類。這些人，要共同研究協調種種事宜，也可能結一個會。那麼，坐會吃請，就要出村。

有這麼一位，出村去坐會。一年裏吃不到多少美食席面，生怕吃虧，拼命吃喝。將肚皮吃成一隻大鼓，彎腰不得。歸來路上，大風將一頂黑色皮帽吹落在地。

無法彎腰去撿拾，又捨不得扔掉，只好用腳往回踢。足球運動員帶球似的，只是速度不夠快、路線過分長。快到黃昏時分，才勉強回到村邊來。

家裏老婆擔心，著孩子到村口去瞭望。孩子看見父親情形，奔回家報告：

媽！我爹趕回一隻小豬子來！

往後，誰人吃飯沒有分寸止境，別人會揶揄：行啦！你要趕回小豬子來嗎？

磨刀雨

過去，全國各地廟宇，以關帝廟最為普及。關帝俗稱關老爺。老百姓更其崇敬有加，乾脆連姓氏都避諱了，尊稱老爺。關帝廟，叫做老爺廟。

老爺廟，除了春秋大祭，陰曆五月十三還有隆重廟會。傳說是關平太子誕辰，但也有說是關老爺生日的。

據說，關老爺五月十三要磨他的青龍偃月刀。磨刀不是要蘸水嘛，這天要下磨刀雨。雨不大，稀稀拉拉的，彷彿磨刀撒落一些水滴。

我注意了多年，實情還真是這樣。陰曆月份與二十四節氣並不吻合，此種現象究竟暗合了哪種天象規律，不得而知。

七巧

陰曆七月七，俗稱七巧。也叫「乞巧」。

傳說牛郎織女被王母隔在天河兩側，只允許他們夫妻七月七到七月十五有七天相會。這幾天，普天下的喜鵲都要飛到天上，在銀河上搭起一座鵲橋。

在這幾天裏，喜鵲果然少見。

從初七到十五，天氣多陰霾，有時稀稀拉拉下一回小雨。系牛郎織女夫妻相會，喜極而泣所掉落的淚水。

自然現象多有不易解釋者。

女人沒遠近

鄉下俗話有一句：女人沒遠近。

拋開歧視女性的立場，男女思維果然有別。男性相對理智而女性比較情緒。在男子看來，女子做事講話有時缺少分寸。是為「沒遠近」。

夏季夜晚，銀河在頭頂橫亙，看得最為清晰。老百姓傳言，牛郎織女兩口子不免夫妻鬥嘴打架。牛郎向妻子投去一個牛軛，織女向丈夫打來一個織梭。

牛軛三顆星，呈彎曲狀，離織女星不遠。織梭四顆星，呈菱形，距牛郎比較遠。講故事的老者會再次強調：看看，女人就是沒遠近！

女人沒正經

舊社會，除了大家富戶，鄉下女人死了丈夫者，改嫁的很多。改嫁後，家產地畝不得帶走。所以，死者本家要瓜分土地財產，倒是希望寡婦改嫁。

寡婦娘家這廂，女兒妹子再嫁，還可以再次得到一份彩禮。

輿論方面或者有說法，也都是些閒話而已。

而且，女人們自己也會說：女人嘛，穿男人、吃男人，死了男人嫁男人！你們要老娘怎麼辦？

有一句民謠俗語乾脆說：

女人沒正經，嫁給朝廷當正宮。

母因子貴，妻由夫貴。男權社會，女人嫁得一個好丈夫，比什麼都重要。

冥罰吃蛆

老百姓教育孩子，也舉古人例子，孔融四歲讓梨什麼的。更多是用迷信故事嚇唬，讓孩子們因恐懼而有約束。

說起奸商，假如秤頭高低騙人取利，說他死後到了地獄，閻王爺要來審問。著小鬼用秤鉤勾了他的肋條，秤頭高低，一一考校。

農家節儉，不容許孩子們拋米撒麵。小時，我的奶奶嚇唬我的話語則說：拋撒一粒米，死後到陰曹地府，閻王要罰吃一條蛆！吃飯亂掉吃食，則又嚇唬說，下輩子會轉生成一匹兔子，長個豁唇。

嚇唬包括開導的結果，使我養成一個好習慣：喝稀飯時，碗底要刮得乾乾淨淨。

我的孩子，讀博士吃食堂，米粒掉在桌上，也一定要揀起吃掉。

雖是小道，可以培養人的習慣，乃至影響人的某些品格。

只見過活人戴枷

但奸詐者依然奸詐，作惡者一貫作惡。

他們也有自己的理論：

只見過活人戴枷，誰見過死人受罪？

迷信嚇唬、道德說教，畢竟功能有限。

指靠學習語錄，要貪官污吏成為清官，難。比讓駱駝穿過針眼都難。

受窮不過討吃

草民百姓，最知道自己在生活中的位置。懂得自身不過芸芸眾生，一介草木。沒有太多幻想與奢望。遇到磨難，對前途的悲觀展望，看得也很透徹。說是：

受窮不過討吃，犯罪不過殺頭。

人死如燈滅

相比虔誠的宗教徒，儒學教化的中國老百姓如何看待死亡呢？善男信女，或者會相信死後有地獄，有輪回，願意佈施行善，巴望死後繼續轉生人類。讀書人士大夫，看得最為豁達通透，信奉四個字：生寄死歸。人生如夢，不過肉身形骸寄生人世間罷了。死亡，才是大歸。回到生命原本所來之處。

一般老百姓，則具有樸素的生死觀。認為人死如燈滅。說得粗俗些，叫做「一死不過毬朝天」。

溺水搶救

據說，溺水而死者，男性面孔朝下，女性面孔朝天。或者，女性脂肪多在臀部、男性脂肪多在肚子的原因。

民間搶救溺水者，方法有趣也有效。牽一匹老牛來，將溺水者俯臥擺放在牛背上，吆趕老牛行走。牛體溫暖，幫助恢復體溫；行走湧動，則如同進行人工呼吸。

撕了龍袍是它　污了娘娘還是它

有句俗話講：捨得一身剮，敢把皇帝拉下馬。已然犯了國法，得罪了對頭，乾脆一不做、二不休，也有一句俗話：撕了龍袍是它，污了娘娘還是它。

《水滸》裏人物對話多次出現「黃蜂入懷，解衣去趕」的民間口語。也有遇事之後乾脆豁出來的意思。

伐吾山林吾不語

我們村，過去老鄉多數依賴砍柴來燒火取暖。但在村子周邊的一些山嶺，則稱作禁山。鄉規民約不許任意砍伐。

但利益驅動之下，濫伐盜伐歷來屢禁不止。

聽一位作家講，呂梁山裏一片森林的制高點上，古來有一座廟宇，廟宇的楹聯是這樣一句話語：

伐吾山林吾不語，

要爾性命爾難逃。

據說，對老百姓有相當的約束作用。

命硬克得天倒轉

尋常百姓，相信命相。種種人生苦難，坎坷艱辛，歸結為自身命相不好。雖然沒有道理，但也不妨說是一種自我解脫。

趙雲戰場上繳獲了的盧馬，有相馬者建言曰：此馬妨主，何不轉贈敵手？那草鞋皇帝劉備抗聲言道：

人能駕馭馬，馬如何能妨主？

實在是帝王氣象，豪氣沖天。

但愚婦村夫相信有人妨主。假如是什麼掃帚星，簡直就會「妨主外帶掃四鄰」。

父親病重期間，有一位醫生治療得法，頗有效果。一度時間，醫生家裏出事，不能前來診治。父親自怨自艾道：

我這叫做「命硬克得天倒轉」。

——這樣生動話語，我竟是第一次聽說。

母老虎

過去，婦女沒有社會地位，任人欺壓。而有壓迫必然有反抗，無論城鄉，不管富戶寒門，都會出現不受欺壓的厲害女人。真是矯枉才能過正，厲害女人終於發展成所謂「母老虎」。

《水滸》上梁山好漢裏有三名女將，為首的是母大蟲顧大嫂。

母大蟲，正是母老虎。

一丈青

梁山女將，顧大嫂之下有母夜叉孫二娘，一丈青扈三娘。

三位女將的綽號都在上梁山之前已經有了。看那綽號名堂，其實應該在大家上山之後，方才可能有那樣排列順序。

母大蟲、母夜叉，好理解；那麼何為「一丈青」呢？

戲劇和說書人都解釋說，扈三娘個頭很高。這樣解釋錯誤。我的理解，一丈青是一種毒蛇。是軀體很長的那種青蛇。這樣，才能與前兩位女將的綽號並列比肩。

小叔制服三惡煞

好比歷來不乏風流女人，村裏也一向都有母老虎。我的奶奶一輩，出過一個母老虎。這個女人，綽號三惡煞。罵公公、打婆婆，十分霸道。丈夫也打她，但沒有效果。因為三惡煞不怕打，從來不服軟。抓挖撕咬，和男人死戰到底。多次打不服，結果再也打不服。三惡煞漸漸就在公婆頭上作威作福。

三惡煞的堂弟小叔子，名叫亮元。我見過那位爺爺，好大個頭，足有一米九以來。最突出的是手大腳大，骨節棱蹭的。

村裏流行比試力氣的遊戲，除了掰手腕，還有一種摔勾子。摔勾子，是兩人中指對握，扭動較力。我村早先開過一家面鋪，賣切面，也支鍋煮面，主要是供賭錢的夜間吃喝。面案上的師傅也是本村人，叫個寬良。整日擀面，手頭有些氣力。人們起鬨，要亮元和寬良摔勾子。據說，亮元還沒有發力擰動，只攥緊拳頭，寬良的中指就脫掉一層皮。

亮元爺爺老年，手上氣力依然不小。柴禾之類，不是要扭個柴腰子來捆縛嘛，人們一般是用葛針刺兒條，那些植物油性大，有韌勁。亮元老漢抓過刺兒條，不用鐮刀通砍尖刺，用手捏了根子那麼一捋，就將刺兒條褪成一根光棍。

且說亮元早已知道三惡煞欺負公婆，別人的家事，自己一個堂弟小叔，不好出面。這天上大伯院裏有事，正碰上三惡煞騎在婆婆身上動武。亮元再也忍不住，揪過三惡煞來掀翻便打。不過三拳兩掌，打得三惡煞當下拉了一褲襠。

奶奶在世時，曾經給我講過，那母老虎三惡煞挨打之後，哭訴到奶奶面前：

好我的二嫂哩！人家亮元，簸箕來大的巴掌、半升子來大的骨堵（拳頭），兩下打得我屙到褲子裏呀！我的二嫂呀！

村人都說，母老虎三惡煞從此有所收斂。

而且落下一個毛病，只要聽到院子裏亮元咳嗽的聲音，馬上急慌失忙跑茅房。不然，一定會拉到褲襠裏。

教子嬰孩　教妻初來

晉劇《打金枝》裏國母勸慰女婿有兩句唱詞：「常言說當面教訓子，背過人來再教妻」。唱詞通俗，說的是老百姓的家常話。

老百姓關於教子教妻，還有兩句俗話講：教子嬰孩，教妻初來。

教育孩子，實在不能不從孩子幼年做起。小洞不補、大洞尺五，待養成毛病，再要糾正，會相對困難。

妻子是成人，似乎無須教育。但一個外姓女人，進入家庭格局，特別是過去時代，一個媳婦進門，要處理好各種關係，確實也有一個學習適應的過程。國有國法，家有家規；除非不要規矩，如果要規矩，媳婦初來，就得適應規矩。

如今男女平等，現代家庭也越分越小，一般基本是兩夫妻過日子這樣一種格局。特別是在城市，已經沒有什麼「教妻」的說法。

正常些，是兩夫妻互相適應磨合；反常些，則是妻子教育丈夫，個個變成「妻管嚴」了。

打到的媳婦揉到的面

舊社會，在鄉下，比如在我們老家那樣落後偏遠山村，婆婆欺壓媳婦好像天經地義，丈夫打老婆彷彿家常便飯。

兒子疼愛媳婦，下不了手的，當娘的會責備兒子。說是「打到的老婆揉到的面」，只有狠打痛打毒打，打到了，老婆才能軟麵團似的任人捏塑。

甚至還有「娶到的媳婦買到的馬，任我騎來任我打」這樣公然的霸道說法。

百年媳婦熬成婆

有句俗話說：千年古路踏成河，百年媳婦熬成婆。

媳婦熬成婆婆，用不了一百年。這麼說，是形容當媳婦日月艱難，不容易。

而媳婦一旦熬成婆婆，往往會繼續壓迫她的媳婦。

好比巴結領導的傢伙熬成領導，立即會壓迫下級，要下級來巴結逢迎。

這是體制病或曰結構病。

大花驢

我的那位上炮臺支應過日本鬼子的五姥娘，綽號大花驢。

五姥娘在我的印象裏，十分精幹。小腳，腳腕那兒裹了三寸寬的裹腿帶，小腿特別細長。走路時，頭顱高抬；講話，笑語喧嘩。

抗戰期間，八路軍的傷病員住在村裏養傷，五姥娘的女兒就嫁給了八路張進才。他們村子，一直流傳一句順口溜：張進才，大麻河裏拾破鞋。

五姥娘住處，靠近一個漚麻的池塘，那樣死水聚積的池塘，老百姓叫做「麻河」。至於那句順口溜裏說的「破鞋」，是指母親還是指閨女，不得而知。

五姥娘，性格開朗，廣交朋友。平常家裏吃麵，周邊鄰家婦女都來幫忙，有人和麵、有人洗碗，大家一塊吃喝。一年，五姥爺賣了幾畝地，得大洋二百元。不到半年，老婆給折騰完蛋。這位顢頇姥爺還出來向人誇耀：

你看咱那老婆能幹不能幹？二百袁大頭，幾天功夫抖打精光！

五姥娘有個兒子，取名蛛蛛。很標致一條後生。但頭頂有那樣一個著名的破鞋媽媽，婚事就不易張羅。好像一直打著光棍。

建國初期，蛛蛛也曾經到太原來打工，拉過排子車。那時，父親在太原的住處，好比一個接待站，親戚老鄉往來停歇，管吃管住。一段時間，一位表姐夫和蛛蛛都在我家居住。據父親講，有一次，表姐夫和蛛蛛聊天，神秘詢問：

聽說你們村有個出名的破鞋，叫個「大花驢」，你知道那是誰家呀？

父親正好下班歸來，撞破了兩人的親切交談。父親後來曾經笑著提起，說假如不是自己撞破，真不知道兩位的交談會有什麼下文。

豁唇

一個女人，破鞋。生個兒子，豁唇。豁唇名字就叫了個豁子。自己是豁唇，又攤上那樣破鞋母親，豁子就一直打光棍。

豁唇光棍也有生理需求，想花錢搞一回女人。跑腿無賴們就出了一個陰損招數，設法安排豁唇和他的破鞋母親相會。

對破鞋說，客人害臊，不願露面；對豁唇說，你這樣長相，女人不喜歡。約定了，在暗夜裏辦事，雙方都不要言聲。

結果，豁唇辦事中間，氣喘咻咻，母親聽出來了，猛然問道：你不是豁子吧？

豁子找無賴跑腿們拼命；破鞋不許跑腿們登門。母親要上吊，兒子要出走。據說，鬧出好大風波。

仁義禮智信

三綱五常，五常者，仁義禮智信之謂也。

有以動物行為闡釋仁義禮智信的民間段子，可備一觀。

曰仁：馬不欺母，雁不配二。

在各種家畜中，馬不與生母交配。據說，如果蒙了眼睛，騙過馬駒，馬駒事後發現，將撞頭而死。大雁擇偶，終生不渝。一方遭遇不測，另一方絕不獨生。

曰義：鹿得草而記其群，蜂得花而記其眾。

據說，鹿發現了靈芝草，不肯獨食，會呦呦鳴叫，召喚夥伴前來。

曰禮：羊羔有跪母之情，烏鴉有反哺之義。羊羔吃奶，多是跪拜。或有角度高低等等原因。烏鴉哺育幼崽，往往疲憊至極，幾乎累死，不能飛動；小烏鴉剛剛出窩，懂得反哺母親。人們討厭的烏鴉，竟有如此天性。

曰智：蜘蛛結網而得食，螻蟻知雨而閉戶。螻蟻者，昆蟲之屬。預測天氣，比人高明。造物進化，DNA遺傳，大有天機。

曰信：雞不到時不啼，雁不到時不至。

老百姓關於數九的口訣裏，說是「七九河開，八九雁來」。有的後邊還有進一步說明「河開河不開，雁來准定來」。

雞叫一聲撅一撅

公雞打鳴，凌晨三唱。第三次打鳴，太陽出宮。所以打鳴，老鄉也說「叫明」。鼓勵年輕後輩成長，堅信後生可畏，有這樣的民間俗話：死了老公雞，小公雞照樣叫明。而堅信自然規律之必然，民間俗話則說：公雞不叫明，天就不亮了嗎？

公雞打鳴，脖子伸長、胸脯高挺，彷彿整個上撅。

傳說，皇帝朱元璋曾以公雞打鳴為詩。前兩句詩曰：

雞叫一聲撅一撅，
雞叫兩聲撅兩撅；

聽者竊笑。

但後邊奇峰突起，竟氣勢恢弘：

三聲叫得太陽出，
驅散滿天星斗月！

類似假冒皇帝之名做詩的故事不少。好在像模像樣，彷彿帝王氣派。

打死老婆盼夜長

闖了禍，害怕懲罰，戰戰兢兢、度日如年，形容此種心態，俗話說是「打死老婆盼夜長」。心態描摹，應稱貼切。

過河揣雞巴

過河害怕淹死，卻去揣了雞巴。是為該小心處不小心。

打架掏出雞巴來

打架掏雞巴，那是玩兒邪的。

討吃的拄著葛針棍

俗話說：龍攀龍，鳳攀鳳，討吃鬼攀的一根棍。
俗話說：做甚務甚，放羊的扛棍。
張飛賣刺蝟，那是人硬貨扎手。
豬八戒背個破口袋，人沒人來貨沒貨。
與此相彷彿的意思，俗話也形容是「討吃的拄著葛針棍」。

赤著屁股打著傘

形容人穿的衣服太小，老百姓說那是「備了個鞍子」。
上衣過分寬大而褲子極其窄瘦，說那是「上頭席囤子，底頭鬼棍子」。有時也說那是「赤著屁股打著傘」。

騎驢扛布袋

有人死板、笨拙，費力不討好，那是騎驢扛布袋。
一時糊塗，則不免騎著毛驢找毛驢。
死要面子活受罪，硬撐架子，可謂凍死不下驢。
三張麻紙裱一個驢頭，堪稱好大面子。
強人所難，說是：驢不喝水強按頭。

男不養貓　女不養狗

「男不和女鬥，雞不和狗鬥。」
「馬不吃夜草不肥，人不得外財不富。」
民諺俗語，類似上列句式者很多。有的，兩句並列，不分輕重；有的，一句強化烘托另一句。

少不讀《水滸》，老不看《三國》。

男不養貓，女不養狗。

古來流傳「刑不上大夫，禮不下庶人」的俗話，這樣句式可謂源遠流長。

「男不養貓，女不養狗，」意思有些費解。據說，男子陽具形似老鼠，有被貓兒誤解抓撲的可能；而女人與狗過分親昵，可能涉及淫亂云云。

小姨子屌蛋

鄉間風俗，或者老百姓心理習慣，姐夫和小姨子打逗笑鬧，不足為奇；妹夫和大姨姐則一般是嚴肅相處。同樣習俗，嫂嫂和小叔子玩笑打逗多有；弟媳和大伯哥之間則要講究授受不親。

所以，民間俗話說：小姨子的屌蛋，姐夫的一半。

還有俗話說：兄弟操嫂嫂，賽如牛犢吃草草。

說是這麼說，實際情形不一定那麼嚴重。或曰，鄉俗之類，也許記錄了遠古群婚時代的若干資訊。

東北習俗

我當兵時節，38軍從東北吉林調來京廣線駐防，部隊多東北兵。

據稱，東北人罵架，說「我日你妹子」，大致無妨，也不過罵架而已。但誰要敢說「我日你嫂子」，罵架就不再是罵架，非常可能變成打架，乃至動刀子、掄板磚，見紅見血。

一說，妹子遲早要出嫁，是別家人；而嫂子是自家人，豈容他人染指。

一說，東北人多數是山東闖關東漢子，山東武二郎哪裡容得西門慶來姦污潘金蓮、給自家哥哥戴綠帽子。

山東

據稱，山東有的地面，交際問路，都要稱呼對方「二哥」。有尊敬對方像是武松武二郎之意。

而萬萬不能喊「大哥」。那等於罵對方是窩囊的武大郎，是戴綠頭巾的老烏龜。

——這一習俗，與東北風氣一脈相承，或有淵源關係。

三大糟心

老百姓所說三大糟心事，是為「住漏房，洗糊鍋，炕上躺著病老婆」。糊鍋難洗而漏房難住，用來襯托最後一句。男主外而女主內，家庭主婦不僅不能主持內務而且有病，糟心程度無以復加。

四大窩火

三大糟心之外，還有四大窩火。

「倒跟鞋，歪腳鍋；走扇門子倒撲火。」

手工鞋子，不兜跟，而是倒跟後撇，容易脫落。

買了一口鍋，三隻鍋腳一隻尺寸不對，不小心就要歪倒。

走扇門，是那種關閉不嚴，自行突然離開門框，叫做「走扇」。

至於倒撲火，一個爐子，煙道不通暢，火焰不朝上行而是倒著朝下，是為「倒撲」。

三大不爽利

半種地，夥栽瓜，一個院裏住兩家。村裏說是三大不爽利。

半種地，不同於租地。租地來種，秋後如約交出租米就是。半種地，也是一家出地畝，一家種地。糧食兩家平分。但肥料誰家出？穀草誰來得？麻煩比較多。

合夥栽瓜，意思差不多。

農村老百姓，鄰里關係要比城市人密切。但大家一般都是獨門獨戶，自家住一個院子。自成格局而相互照應，遠近親疏恰當。一個院裏住了兩家，容易起矛盾、鬧彆扭。

龍王奶奶吃貢獻

老百姓盼望風調雨順，都到龍王廟來上供禱告。

種地的希望下雨，做醬的要曬醬希望晴天；行船的盼颳風，種果樹的不要颳風。龍王很發愁，見龍王奶奶已經吃了供品，更加惱火。龍王奶奶笑話男人白當了一個龍王，她有辦法。

黑間行雨水，白天曬大醬；
風打船頭過，不傷果木行。

龍王大悅。從此放任老婆收受供品。

好多官員貪污，據調查最初都是被人先攻破老婆這一關卡。

男人是人女人是家

所謂人家，老百姓說「男人是人女人是家」。

男人主外，支撐門面；女人主內，操持家務。

俗話說，不是一家人，不進一家門。夫妻或者性格差異，或者愛好一致，只要夫妻多年，必然磨合出許多共同價值觀與行為思考方式。

民間還有「夫妻相」一說。

兩人長得相像，因而成為好夫妻；其實呢，兩夫妻多年相處，表情神態最易相互習染罷了。

屁是一隻虎

除了老百姓口口相傳的民謠童謠，我記事以來農村城市還流傳許多當代童謠。

童謠，通俗上口，而且有興奮點或曰刺激點，因而孩子們爭相傳誦，樂此不疲。

比如形容放屁：

屁是一隻虎，
放出來無人堵；
一共三千人，
嘣死兩千五。
剩下五百回家去，
鼻子眼裏儘是土！

渲染過年氣氛的：

過新年，放大炮，
爺爺把著奶奶尿；
奶奶尿得刷刷刷，
爺爺笑得哈哈哈！

說光頭的：

光頭光頭往南看，
南面有個電影院。
大人小孩都能看，
就是不讓光頭看。
光頭一看就閃電，
閃了電可怎麼辦！

描述理髮技術的：

理髮鋪，技術高，
不用剪子不用刀；
一把一把往下薅，
薅得頭上起大包！

諸如此類，不知何人編撰。孩子們唸叨當中，得了樂趣，功莫大焉。至於道學家必然驚呼，那是神經衰弱；嚴重者，可送精神病院。

尺八九寸二尺七

中國古代流傳的《營造法式》使建築大師梁思成獲益匪淺。
一般木工匠人，不到參研這部古籍的層次，但也有師傅的若干竅門口訣。
所謂千金易得，一訣難求，指的就是師傳訣竅。
比如一個普通的能夠打製日用家俱的木匠，基本功不過是做些小板凳炕桌之類。
板凳的腿子與凳面成一個合理角度，既看來美觀，也結實承重。這個角度大約是七比一。
至於小板凳和炕桌，與高凳高桌的比例，應該是「尺八九寸二尺七，地下炕上都好吃」。

茶七酒八水六分

人們常說淺茶滿酒，是為待客規矩。
那麼茶淺到幾分、酒滿到多少，方才適度？
老百姓唸叨說是茶七酒八水六分。

給神插上

趙樹理在《小二黑結婚》中塑造的三仙姑形象人們相當熟悉。三仙姑下神的時候，神已然上身，卻偷偷關照女兒小芹說鍋裏「米爛了」，暴露了裝神弄鬼的底細。

一個漢子，不幸死了老婆。日夜思念，不能釋懷。於是請一個神婆來下神，希望能夠寄託哀思，甚至能夠通神，見到死去的妻子。

神婆當然要收報酬，所謂「三尺紅，二尺藍，還要二百壓壇錢」之類。收了報酬，神婆開始下神。漢子磕頭上香之後，跪在當地；神婆閉眼打哈欠，等候神來上身。神上身之後，神婆就不再是自己，而成為神仙的替身。或舞蹈跳躍，烏煙瘴氣；或唸叨歌吟，胡說八道。

這漢子請來的神婆是個年輕婦女，姿容也還妙曼，身材堪稱苗條。待神靈上身之後，且歌且舞，十分有誘惑力。不想這神婆早上喝的也是稀飯之類，舞蹈半晌，肚子已是鬆懈，褲帶突然鬆動，褲子便一下子脫到了腳跟！

年輕婦女，突然成了光腚，當然不好意思；但神既然上身，神婆又不能顧及什麼光腚與否，只好繼續舞蹈歌唱。漢子跪在地下，思念老婆，眼前卻是突然有一個光腚女人晃來晃去。漢子情慾一時難耐，以為神婆通神，變成了自己老婆；或者漢子寧可這樣以為。於是，再也不管三七二十一，按倒年輕漂亮神婆就斷然姦而污之。

神婆舞蹈之中，被漢子按倒姦污，一時吃驚不小。至少也要表示某種程度的抗議。於是，開言唱道：

你給神插進大有錯！

漢子性交當中，聽見神靈指示批評，一下猛醒，覺得自家到底莽撞了。因而當即將家俱火速拔出。

不料那神婆抗議歸抗議，身體卻是頗為好受快意，此刻見漢子不再姦污自家，便接著吟唱起來：

取了出來你錯更多！

漢子聽見神這麼說，只好再次給神婆插了進去。那神婆於是美滋滋歌吟道：

出來進去才最快活！

一朵蓮花

村裏兩家孩子，都在學堂唸書。

一家，母親貓腰掃地，腿襠裏褲線綳開來。農家婦女，過去是不穿什麼褲頭的，當即春光外洩，而不自知。孩子放學歸來，瞥見母親狀況，覺得甚為不雅。該如何提醒一聲呢？那小小書生便在一旁吟誦道：

一朵蓮花就地開，羞得少爺頭難抬！

母親警覺，急忙將私處掩蓋了。

孩子懂事，文明，母親高興。不免就講給鄰家女人，如何長短，細說一回。

鄰家女人也有孩子在學堂讀書，心下便生出攀比念頭來。貓腰掃地捅火，褲線只是十分結實，露不出腿襠玩藝兒來。到底不歇心，自己將褲襠剪開大大一個口子。兒子放學回來，偏生看不見母親褲襠大開。這女人就特意在兒子面前晃來晃去，兒子不能看見自己私處不得甘休。兒子終於看見，大聲驚呼起來：

媽，媽！看你那大屄！

母親百般設計，想不到鬧出這樣結果，耐下性子對兒子講：

孩子，你是讀書公子，那不能叫大屄，那叫蓮花！

那兒子卻把「蓮花」聽岔了，叫道：

鐮把？我看钁把放進去都富富有餘！

——或曰，如此母親，正可能有這樣兒子。

舌頭打板聲

一個人，鐵路員工之類，尋常上夜班。夜班得空，尋常偷偷溜回家來和老婆辦事。青春年少，正是烈火乾柴，不足為怪。

但夜班時間回家和老婆做愛，到底也不是那麼堂皇的事情；怕宿舍鄰居知曉，和老婆約定了一個接頭暗號。躡手躡腳回到門口，不出聲，使舌頭抵住上顎，發出「噠噠」聲響。老婆聽見了，這才開門迎納。夫妻上床，暗夜中成其好事。如此多時。

時間既久，次數既多，不免走漏了風聲。一個賴小子，掌握員工回家辦事規律甚悉。這天，約莫那人還不到回家時刻，賴小子提前來到這家門口，舌頭發出「噠噠」之聲。老婆以為男人回來辦事，照例開門迎納了。然後上床，黑暗中辦事一回。不知已經遭了他人暗算。

員工做些夜班工作，這才抽空回家。暗號照舊，「噠噠」連聲。老婆詫異漢子怎麼去而復回？但也只好開門迎納了。員工摸索上床，卻是照例一通猛幹。老婆到底覺得哪兒不大對勁，悄聲疑問：

你不是剛剛回來弄過俺們了？怎麼還是這樣急猴似的？

員工漢子終於明白，有人鑽了空子，占了便宜，白白姦污了自家老婆。

捉賊，賊早已跑掉；抓姦，姦情也已發生。好不惱火，好不氣憤。漢子吃不得這號暗虧，第二天一早在自家門口罵開了大街：

誰昨天黑夜，在我家門口「噠噠」，我操他祖宗！誰昨天黑夜，在我家門口「噠噠」，我操他祖宗！

罵的詞兒怪異，鄰居們俱都莫名其妙。猜到幾分光景的，暗暗發笑。

姓侯

侯姓張姓兩位相公，初初交往。

這一天，老張上老侯家去，適逢老侯不在。老侯的妻子出面接待，好生禮貌周全，言談文雅。

先問：先生貴姓？

老張答道：不敢，賤姓張。

再問：那麼，是弓長張還是立早章？

答曰：在下弓長張。

又問：張先生用過膳了嗎？

老實回答：倒還未曾。

那麼，請你少等！

老侯妻子進內整備飯食，款待老張甚好。

老張回家，感慨連連。給自家老婆反覆唸叨。老婆聽得麻煩，表示自己並不比別家老婆差勁。不信，請什麼老侯來，看我怎麼接待！

老張當然希望自家老婆有同樣本事，希望能讓朋友知道自己家有賢妻一位。

於是，專門去請老侯過來做客；屆時又專門躲了開去。好讓老婆充分表現一把。

卻說老侯如約來到老張家，老張竟是不在。老張妻子出來應客。

笑容可掬先問道：先生貴姓？

老侯客氣回答：不敢，賤姓侯。

再問：那麼，你是公猴還是母猴？

老侯便是一怔。心想或者老張妻子善於幽默，自己不必介意。笑笑答道：在下嘛，應該算是一個公猴！

這裏接著問道：是公猴，那麼你騙過沒有哇？

老侯聽得越發不像話了，苦笑一面道：倒也沒有騸過！

老張老婆立刻叫道：那你等著！

說著，從懷裏唰地掏出一柄切菜刀。老侯承認是公猴，而且沒有騙過，看來人家要動刀子了！

兩股戰戰，大驚失色，慌忙奪路而逃。哪裡顧得屐齒之既折。

後記：雞鳴不已

這部書，動了寫作念頭，在甲申歲末，即西元二〇〇四年底。動手寫，是乙酉春節過後。我寫得很快，大約個把月的時間完稿。許多段子爛熟於心，正是手到拈來。信馬由韁，一氣呵成。周圍朋友不免誇讚我的寫作速度，乃至驚嘆我的記憶力。記憶力或有高下，受民間文化之浸染更有深淺。就我而言，骨子裡有點民間立場，不敢少忘自己來自民間；正因為來自民間，對民間文化確乎多有吸納。所謂念茲在茲、在茲念茲是也。回頭看這部書稿，由於完稿匆促，在編排體例上就未免隨意，內容上不曾進一步可能的分門別類。當然，這對讀者倒不一定是壞事。隨手翻開一頁，皆屬可看；彷彿山陰道上，觸目成趣。

這部書，恰如前言介紹的，多涉鄙俚。希望能出完整版，結果在大陸就遇到了意料之中的出版困難。編輯朋友們看了都說好，就是不得出版。他們堅持要我刪減的文字章節，恰恰是我堅持不能刪減的部分。這是沒處說理的。從文寫作多年，我本身還當過省級文學期刊主編，對之是為冷暖自知。作為寫家，為了書稿著作的出版，提前收斂鋒芒以避禍者，屬於「自我閹割」；有的則是揣摩上意，投其所好，這就墮落到「心理投誠」了。前者，尚在堅守己志；後者，既紅且紫，不知伊於胡底。在我，冥頑不靈，拒絕閹割者是也。

前幾年，承蒙蔡登山先生青睞，我的兩本書《穿越——文壇行走三十年》和《拷問經典》，都由秀威出版。那兩本書，都是在大陸不得出版的。也都是我個人極為看重、認為一生僅此一本的著作。這本書，在我而言泰半也是一生一本的著述。如今能由秀威再次盛情推出，不禁感喟良多。

思想常常被禁錮；但思想實在又是無法絕對禁錮了的。焚書坑儒，焚不盡天下詩書、坑不絕天下士子。

有關當局放言「清潔屏幕、潔淨文字」云云，十足可笑。山野自然，陰陽成化，大道天成，有何潔與不潔？不潔者，倒是衛道士們的心術。

印刷成冊的文字，或許是一些自由行走的精靈；希望它們終將超越時空的侷限，撒播廣遠。

我寫作此書在乙酉年。這一年，老百姓叫做雞年。老百姓的俗話說：殺了老公雞，小公雞也啼明。老百姓還說：殺了公雞，擋不得天亮。民間俗語，微言大義，頗能發人深思、給人信心。

希望華文讀者，能喜歡這樣一本輕鬆有趣的鄙俚之作。

讓我再一次感謝蔡登山主編。感謝秀威。感謝本書的責編孫偉迪先生。

夏曆辛卯仲夏　是為記

新鋭文學13　PG0621

新鋭文創
INDEPENDENT & UNIQUE

你所不知道的中國民間文化

──關於飲食男女也關於草木蟲魚（後篇）

作　　者	張石山
主　　編	蔡登山
責任編輯	孫偉迪
圖文排版	蔡瑋中
封面設計	蔡瑋中
出版策劃	新鋭文創
發 行 人	宋政坤
法律顧問	毛國樑　律師
製作發行	秀威資訊科技股份有限公司 114 台北市內湖區瑞光路76巷65號1樓 電話：+886-2-2796-3638　傳真：+886-2-2796-1377 服務信箱：service@showwe.com.tw http://www.showwe.com.tw
郵政劃撥	19563868　戶名：秀威資訊科技股份有限公司
展售門市	國家書店【松江門市】 104 台北市中山區松江路209號1樓 電話：+886-2-2518-0207　傳真：+886-2-2518-0778
網路訂購	秀威網路書店：http://www.bodbooks.com.tw 國家網路書店：http://www.govbooks.com.tw
出版日期	2012年7月　初版
定　　價	350元

Printed in Taiwan

國家圖書館出版品預行編目

你所不知道的中國民間文化：關於飲食男女也關於草木蟲魚.
後篇 / 張石山作. -- 一版. -- 臺北市：新銳文創, 2012.07
面； 公分
BOD版
ISBN 978-986-6094-84-2 (平裝)

1. 民俗 2. 中國文化 3. 文集

538.82 101008132

讀者回函卡

感謝您購買本書，為提升服務品質，請填妥以下資料，將讀者回函卡直接寄回或傳真本公司，收到您的寶貴意見後，我們會收藏記錄及檢討，謝謝！

如您需要了解本公司最新出版書目、購書優惠或企劃活動，歡迎您上網查詢或下載相關資料：http:// www.showwe.com.tw

您購買的書名：________________________________

出生日期：________年________月________日

學歷：□高中（含）以下　□大專　□研究所（含）以上

職業：□製造業　□金融業　□資訊業　□軍警　□傳播業　□自由業

□服務業　□公務員　□教職　□學生　□家管　□其它_____

購書地點：□網路書店　□實體書店　□書展　□郵購　□贈閱　□其他

您從何得知本書的消息？

□網路書店　□實體書店　□網路搜尋　□電子報　□書訊　□雜誌

□傳播媒體　□親友推薦　□網站推薦　□部落格　□其他__________

您對本書的評價：（請填代號　1.非常滿意　2.滿意　3.尚可　4.再改進）

封面設計____　版面編排____　內容____　文／譯筆____　價格____

讀完書後您覺得：

□很有收穫　□有收穫　□收穫不多　□沒收穫

對我們的建議：________________________________

____

____

____

請貼
郵票

11466
台北市內湖區瑞光路 76 巷 65 號 1 樓
秀威資訊科技股份有限公司 收
BOD 數位出版事業部

（請沿線對折寄回，謝謝！）

姓　名：__________ 年齡：______ 性別：□女　□男

郵遞區號：□□□□□

地　址：__________

聯絡電話：(日) __________ (夜) __________

E-mail：__________